수학을 더 가까이
어린이 수학마술

머리말

어렸을 때부터 마술이라는 말만 들어도 호기심이 가득하고 매우 궁금하여 속을 들여다보고 싶을 때가 한 두 번이 아니었습니다. 모자 속에서 비둘기가 나올 때 아무리 눈을 크게 뜨고 도대체 이해할 수 없었습니다. 신문 종이를 찢어서 물을 부으면 국수가 되거나 입 안에서 테이프가 끝도 없이 나오는 것을 보면 뭔가 속임수가 분명한 것 같은데 알 수가 없어 나도 마술가가 되어 비둘기를 많이 나타나게 하거나 종이로 돈을 만들고 싶었습니다.

수학 마술이라는 말을 들으면 어려운 문제를 손쉽게 풀 수 있을 것 같고, 수학 성적을 100점으로 만들 수 있을 것이라는 생각이 듭니다. 그러나 수학 마술에서는 비둘기가 나타나거나 성적을 100점으로 만들 수 없습니다.

마술이 호기심과 궁금증을 자아내듯이 수학 마술도 수학에 대한 호기심과 탐구력을 불러일으킵니다. 이것이 이 책을 출판하게 된 중요한 목적 중의 하나입니다. 수학 학습에서 가장 중요한 것은 호기심과 그 호기심을 해결하려는 탐구력, 논리적인 사고력을 기르는 것입니다.

수학 마술을 하게 되면 첫째, 계산과 암산 능력이 길러집니다. 마음속으로 어떤 수를 생각하고, 그 수로 여러 가지 계산을 하는 가운데 암산 능력이 발달됩니다. 둘째, 의사소통 능력과 자신감을 기를 수 있습니다. 수학 마술사가 되어 마술을 하게 되면 관중을 마술에 몰입시킬 수 있도록 표현해야하기 때문에 의사소통 능력이 발달됩니다. 아울러 여러 사람 앞에서 말하고 행동하게 되므로 자신감이 길러지고, 사회성도 발달되며 성격이 적극적으로 변할 수 있는 계기가 됩니다.
셋째, 창의력이 발달됩니다. 수학 마술의 원리를 깨닫게 되면 그 원리를 이용하여 다른 마술을 만들 수 있고, 나만의 마술을 만들 수 있습니다. 수학 마술의 이런 장점은 수학 성적 그 이상의 목적을 달성할 수 있게 합니다.

교사가 수학 수업에서 수학 마술을 하게 되면 학생들을 수업에 집중시킬 수 있으며, 흥미와 관심을 가지고 수업에 적극적으로 참여할 수 있게 합니다. 또, 수업 내용과 관련된 수학 마술을 활용하면 수업의 효과를 높일 수 있으며, 다른 교사보다 교수 전략을 하나 더 가지게 됩니다. 같은 마술을 여러 번 시연하게 되면 학생들이 마술에 숨어 있는 수학적인 원리를 스스로 발견하게 되어 학생들의 추론 능력을 발달시킬 수 있습니다. 또, 지루한 계산 연습이 아닌 흥미를 느끼면서 계산 능력을 발달시킬 수 있습니다.

　이 책이 방과 후 학습에 사용된다면 교과 내용을 떠나 수학 학습에 대한 흥미를 가지게 하고, 의사소통 능력이나 여러 사람 앞에서 표현하는 능력을 발달시키는 데 도움이 될 것입니다.

　학생이 이 책을 효과적으로 활용하려면 수학 마술의 원리를 깨닫고 수학 마술사가 되어 친구들 앞에서 수학 마술을 시연하는 것입니다. 수학 마술을 시연하게 되면 발음, 음성의 크기, 표현력 등 발표 능력이 발달되고, 자신감이 길러져 소극적인 성격에서 적극적인 성격, 소심한 성격에서 대범한 성격으로 바뀔 수 있으며, 친구들로부터 호감을 받아 사회성이 발달될 것입니다.

　이 책은 모두 4장으로 구성되어 있습니다. 1장은 수와 관련된 마술이고, 2장은 도형, 3장은 규칙(패턴)과 관련된 마술이며, 4장은 어느 한 영역으로 분류하기 애매한 여러 가지 마술입니다. 본문 내용 사이에 '재미있는 탐구'를 제시하여 수학 마술과 관련된 원리를 좀 더 깊게 탐구할 수 있도록 하였습니다. 1장 '마술에 걸린 수'는 초등학교 수학의 수와 연산 영역과 관련된 마술이며, 이를 통하여 암산과 계산 능력은 물론 추론 능력도 발달시킬 수 있습니다. '알게 된 사실'은 수학 마술을 여러 번 하면서 알게 된 사실이나 알게된 사실, 원리 등을 쓰는 곳인데 정답은 없으며 자신의 능력대로 쓰면 됩니다. '한 걸음 더'는 제시된 마술을 충분히 이해한 것을 바탕으로 조금 더 발전시킬 수 있도록 하였습니다. 2장 '마술에 빠진 도형'에서는 해당되는 부록을 잘라내어 실제로 조작 활동하면서 왜 그런지 깨닫는 것이 중요합니다. 3장 '마술에 녹은 달력'은 규칙(패턴)과 관련된 마술인데 숨어있는 규칙, 원리를 찾아내는 것이 중요합니다. 4장 '이런저런 수학 마술'은 여러 가지 재미있는 수학 마술을 소개한 것입니다.

　일상생활 뿐만 아니라 직업에서도 수학적인 생각과 태도가 매우 중요하므로 이 책을 통하여 수학 마술을 익히고, 그 원리를 탐구하면서 수학 학습에 흥미와 관심을 가지고, 수학을 좀 더 가까이 할 수 있는 계기가 되었으면 하는 바람입니다.

　어려운 여건 속에서도 이 책의 출판을 기꺼이 맡아주신 주)네오코비 유 상훈 대표님과 짧은 시간에도 불구하고 빈틈없이 편집해주신 주)브레노스 편집진께 감사드립니다.

2020년 2월
석우 연구실에서

차례

chapter 01 마술에 걸린 수

01 생각한 수 알아맞히기	8
02 답을 미리 알아맞히기	10
03 마법의 수 1089	12
04 네 마음을 알 수 있다	14
05 지운 숫자 알아맞히기 1	16
♣ 재미있는 탐구	18
06 지운 숫자 알아ㅈ맞히기 2	20
07 곱셈에서 지운 숫자 알아맞히기	22
08 나이 알아맞히기 1	24
♣ 재미있는 탐구	26
09 10개 수의 합을 미리 알아맞히기	28
10 카드 숫자 알아맞히기	32
11 나이 알아맞히기 2	34
12 신비의 수 33	36
13 번개처럼 빠른 곱셈 마술	38
14 자신의 수 복제	40
♣ 재미있는 탐구	42
15 누구나 27	44
♣ 재미있는 탐구	46
16 생년월일 알아맞히기 1	48
17 원하는 답이 나오는 덧셈 문제 만들기	50
18 마음 읽기	54
19 신비의 수 6174	56
20 생년월일 알아맞히기 2	58
21 태어난 월일 알아맞히기	60
22 훌륭한 인물 예언하기	62

chapter 02 마술에 빠진 도형

01 사라진 선분	66
02 직사각형이 정사각형으로 변신	68
03 64=65인가?	70
04 줄어든 넓이 1	72
♣ 재미있는 탐구	74
05 줄어든 넓이 2	78
06 정사각형에 정사각형 구멍내기	80
07 색종이로 몸 통과시키기	82
08 자유 찾기	83

chapter 03 마술에 녹은 달력

01 달력 마술 1	86
02 달력 마술 2	88
♣ 재미있는 탐구	90
03 정사각형 안의 수 알아맞히기	94
04 직사각형 안의 수 알아맞히기	96
♣ 재미있는 탐구	98
05 마음대로 선택한 수 알아맞히기	100
06 정사각형 수의 합 알아맞히기	102
07 자유자재 마방진	106
♣ 재미있는 탐구	108
08 생년월일 마방진	114

차례

chapter 04 이런저런 수학 마술

01 보이지 않는 주사위 눈 알아맞히기   120
02 주사위 눈의 합 알아맞히기   122
03 주사위 눈의 순서 알아맞히기   124
04 주사위 비밀   126
05 동전 분류하기   128
06 숫자 카드 뒤집기   132
07 도미노 알아맞히기   134
08 바둑돌 수 알아맞히기   136

해설

chapter 01   140
chapter 02   160
chapter 03   170
chapter 04   179
부록   191

CHAPTER 01

마술에 걸린 수

01 생각한 수 알아맞히기

마음대로 두 자리 수를 생각하면 행운의 수를 이용하여 그 수를 알아맞히는 마술입니다.

마술	활동의 예
▶ 마음대로 두 자리 수를 생각하세요.	▶ 54
▶ 그 수에 오늘 행운의 수 90을 더하세요.	▶ 54 + 90 = 144
▶ 백의 자리 숫자를 지우세요.	▶ 44
▶ 그 수에 1을 더하세요.	▶ 44 + 1 = 45
▶ 얼마인가요?	▶ 45

⋯▶ 생각한 수는 54입니다.

알게된 사실

한 걸음 더

1. 행운의 수를 95라고 하여 마술을 만들어보세요.

2. 이번엔 세 자리 수를 알아맞히는 마술을 만들어 보세요.

02 답을 미리 알아맞히기

한 자리 수, 두 자리 수 등 어떤 수를 선택하여 계산하더라도 답을 미리 알아맞히는 마술입니다.

마술

활동의 예

▶ 여러분의 계산 결과가 얼마일지 먼저 마술 종이에 적어서 친구에게 맡겨 두겠습니다. (종이에 4를 쓰고 보이지 않도록 여러 번 접어 학생에게 맡긴다.)

▶ 여러분이 가장 좋아하는 수를 생각하세요.

▶ 77

▶ 그 수를 2배 하세요.

▶ 77 × 2 = 154

▶ 8을 더하세요.

▶ 154 + 8 = 162

▶ 2로 나누세요.

▶ 162 ÷ 2 = 81

▶ 처음에 생각했던 수를 빼세요.

▶ 81 - 77 = 4

→ 친구에게 맡겨둔 비밀 종이를 펴서 답이 4임을 보여준다.

알게된 사실

한 걸음 더

답이 10되는 마술을 만들어보세요.

03 마법의 수 1089

이번에는 어떤 수를 선택하더라도 계산 결과가 항상 마법의 수 1089가 되는 마술입니다.

마술

활동의 예

▶ 여러분의 계산 결과를 미리 알아맞히겠습니다.(종이에 1089를 쓰고, 두 번 접어 감추어 둔다)

▶ 마음대로 세 자리 수 선택하세요. 444나 353과 같은 세 자리는 피해주세요.
▶ 375

▶ 백의 자리와 일의 자리 수를 바꾸세요. 예를 들어, 123이었다면 321입니다.
▶ 573

▶ 큰 수에서 작은 수를 빼세요.
▶ 573 - 375 = 198

▶ 일의 자리를 말해주면 답을 맞히겠습니다.
▶ 8

⇢ 답은 198입니다.

▶ 다시 일의 자리와 백의 자리를 바꾸세요.
▶ 891

▶ 이번에는 두 수를 더해보세요. 답이 얼마인지 미리 적어놓았습니다.
▶ 198 + 891 = 1089

⇢ 종이에 적어 놓은 답을 보여준다. 1089

알게 된 사실

한 걸음 더

1. 네 자리 수를 선택하여 마술을 부려보세요.

2. 다섯 자리 수를 선택하여 마술을 부려보세요.

04 네 마음을 알 수 있다

수 카드에 생각한 수가 있는지 없는지만 알려주면 여러분이 어떤 수를 생각했는지를 알아맞히는 마술입니다.

마술

▶ 1~15까지의 수 가운데 좋아하는 수를 생각하세요. 그 수를 알아맞히겠습니다.

▶ 좋아하는 수가 어느, 어느 카드에 있나요.

1 3 5 7 9 11 13 15	2 3 6 7 10 11 14 15	4 5 6 7 12 13 14 15	8 9 10 11 12 13 14 15
A	B	C	D

활동의 예

▶ A, C, D에 있습니다.

➡ 좋아하는 수는 13입니다.

알게된 사실

한 걸음 더

1. 생각한 수를 알아맞히는 마술을 다시 해보세요.

2. 1부터 31까지의 수를 알아맞히는 마술 수 카드를 만들어 보세요.

05 지운 숫자 알아맞히기 1

마음대로 생각한 수에서 어느 한 숫자를 지우면 그 숫자를 알아맞히는 마술입니다.

마술

활동의 예

▶ 마음대로 선택한 세 자리 수를 쓰세요.

▶ 374

▶ 각 자리의 수를 더하세요.

▶ 3 + 7 + 4 = 14

▶ 세 자리 숫자 중 어느 한 숫자를 지우세요. 그러면 두 자리 수가 될 것이고, 어떤 숫자를 지웠는지 알아맞힐 것입니다.

▶ 74 (374에서 3을 지움)

▶ 두 자리 수에서 각 자리 수의 합을 빼세요.

▶ 74 - 14 = 60

▶ 나머지 숫자를 순서 없이 말해주면 어떤 수를 지웠는지 알아맞히겠습니다.

▶ 0, 6

··▶ 지운 숫자는 3입니다.

알게된 사실

한 걸음 더

1. 다른 수를 선택하게 하여 지운 숫자를 알아맞히는 마술을 부려보세요.

2. 네 자리 수를 선택하게 하여 마술을 부려보세요.

자릿수 근

수학마술에서는 9의 배수를 이용한 마술이 많다. 어떤 수가 9의 배수인지 아닌지를 알려면 각 자리 수의 합이 9의 배수가 되는지를 알아보면 되는데 자릿수 근을 구하면 좀 더 편리하게 알아볼 수 있다.

자릿수 근이란 어떤 수의 각 자리 수의 합이 한 자리 수가 될 때까지 계속 더한 수를 말한다. 예를 들어, 329의 자릿수 근을 구하면 329→ 3 + 2 + 9=14→ 1 + 4=5이므로 329의 자릿수 근은 5이고, 5617→ 5 + 6 + 1 + 7=19→ 1 + 9=10→1 + 0=1이므로 5617의 자릿수 근은 1이다. 234567→ 2 + 3 + 4 + 5 + 6 + 7=27→ 2 + 7=9 이므로 234567은 9의 배수이다. 9의 배수는 자릿수 근이 9이다.

어떤 수를 9의 배수로 만들고, 자릿수 근을 구하면 9가 되는 원리를 이용하는 수학마술이 많다. 예를 들어, 마음대로 수를 선택하고 9를 곱하면 9의 배수가 되고, 자릿수 근은 9이다. 선택한 수 가운데 숫자 하나를 지우고 나머지 수를 말하게 하면 지운 숫자를 알아 맞힐 수 있다.

자릿수 근을 빨리 구하여 알아맞히는 것은 수학 마술사의 중요한 능력 중의 하나이다. 자릿수 근을 빨리 구하는 방법은 다음과 같다.

1) 각 자리의 수를 모두 더하는 방법

$$524768 \rightarrow 5+2+4+7+6+8=32 \rightarrow 3+2=5$$

2) 각 자리의 수를 하나씩 차례로 더하는 방법

$$524768 \rightarrow 5+2=7 \rightarrow 7+4=11 \rightarrow 2+7=9 \rightarrow 6+8=14 \rightarrow 5$$
$$(1+1=2) \quad (9 \rightarrow 0)$$

3) 더하여 9가 되는 수끼리 빼고 나머지 수를 더하는 방법

$$524768 \rightarrow 6+8=14 \rightarrow 1+4=5$$

자릿수 근은 재미있는 성질을 가지고 있어서 이를 이용하면 계산이 맞았는지 간단하게 검산할 수 있다.

재미있는 탐구

1) 두 수의 합의 자릿수 근은 각각 자릿수 근의 합과 같다.

$$
\begin{array}{r}
734 \\
+\ 528 \\
\hline
1262
\end{array}
\quad\begin{array}{r}
\text{두 수의 합} \quad \text{자릿수 근의 합} \\
5 \\
+\ 6 \\
\hline
11 \rightarrow 2
\end{array}
$$

덧셈이 맞았는지 검산하려면 다시 한 번 계산해야 하지만 자릿수 근을 이용하면 쉽게 검산할 수 있다. 734의 자릿수 근은 5, 528의 자릿수 근은 6이므로 이를 합한 11의 자릿수 근은 2이다. 따라서 734 + 528의 자릿수 근도 2이어야 한다. 1261의 자릿수 근은 2이므로 정확하게 계산하였다.

2) 두 수의 차의 자릿수 근은 각각 자릿수 근의 차와 같다.

$$
\begin{array}{r}
734 \\
-\ 528 \\
\hline
206
\end{array}
\quad\begin{array}{r}
\text{두 수의 차} \quad \text{자릿수 근의 차} \\
5 \\
-\ 6 \\
\hline
8
\end{array}
$$

734의 자릿수 근은 5, 528의 자릿수 근은 6인데 5 - 6을 계산할 수 없을 때에는 9를 받아내림하여 14 - 6으로 계산한다. 9의 자릿수 근은 0이다. 자릿수 근에서는 0과 9는 같은 수로 생각한다.

3) 두 수의 곱의 자릿수는 각 수의 자릿수의 곱과 같다.

$$
\begin{array}{r}
25 \\
\times\ 25 \\
\hline
625
\end{array}
\quad\begin{array}{r}
\text{두 수의 곱} \quad \text{자릿수 근의 곱} \\
7 \\
\times\ 7 \\
\hline
49 \rightarrow 4
\end{array}
$$

그러나 나눗셈에서는 항상 그렇지 않다.

두 수의 나눗셈 1776÷48=37   두 수의 나눗셈 123÷41=3

자릿수 근 나눗셈   3÷3=1   자릿수 근 나눗셈   6÷5=?

06 지운 숫자 알아맞히기 2

세 자리수를 생각하고 계산 결과에서 어느 한 숫자를 지우면 그 숫자를 알아맞히는 마술입니다.

마술

- ▶ 세 자리 수를 생각하세요.
- ▶ 10을 곱하세요.
- ▶ 처음에 생각했던 수를 빼세요.
- ▶ 45를 더하세요.
- ▶ 어느 한 숫자를 지우고 나머지 숫자를 순서 없이 말해주면 지운 숫자를 알아맞히겠습니다.

활동의 예

- ▶ 237
- ▶ 237 × 10 = 2370
- ▶ 2370 - 237 = 2133
- ▶ 2133 + 45 = 2178
- ▶ 8, 7, 1

⇢ 지운 숫자는 2입니다.

알게된 사실

한 걸음 더

1. 이 마술의 마지막 단계에서 수를 더하지 않고 빼는 마술을 만들어 보세요.

2. 두 자리 수를 생각하게 하고 지운 숫자를 알아맞히는 마술을 부려보세요.

07 곱셈에서 지운 숫자 알아맞히기

한 자리수 곱셈은 암산으로 할 수 있지만, 세 자리 수 곱셈은 암산으로 어렵고, 연필로 계산하여도 시간이 많이 걸립니다. 그럼에도 불구하고 큰 수의 곱셈에서 답의 어느 한 숫자를 지우면 그 숫자를 알아맞힐 수 있는 마술입니다.

마술

▶ 마음대로 세 자리 수와 네 자리 수를 쓰고 보여주세요. (두 수의 자릿수 근을 재빨리 구하여 자릿수 근을 곱한다.)

▶ 계산기로 두 수를 곱하세요.

▶ 곱에서 어느 한 숫자를 지우고 순서 없이 말해주세요. 어떤 숫자를 지웠는지 알아맞히겠습니다.

활동의 예

▶ 329 × 5627

▶ 329 × 5627 = 1851283

▶ 1, 2, 8, 3, 5, 8

▷ 1을 지웠습니다.

알게 된 사실

한 걸음 더

두 자리 수끼리 곱셈을 하여 지운 숫자를 알아맞히는 마술을 부려보세요.

08 나이 알아맞히기 1

마술로 상대방의 나이를 알아맞히는 것은 그 사람을 즐겁게 해주고 친근하게 만들 수 있는 수학 마술의 매력입니다.

마술

- ▶ 두 자리 수를 마음대로 생각하세요.
- ▶ 생각한 수에 9를 곱하세요.
- ▶ 그 수에 자신의 나이를 더하세요.
- ▶ 각 자리 수를 더하세요.
- ▶ 합이 얼마인지 말해주면 나이를 알아맞힐 수 있습니다.

활동의 예

- ▶ 57
- ▶ 57 × 9=513
- ▶ 513 + 13=526
- ▶ 5 + 2 + 6=13
- ▶ 13

▸ 초등학생이므로 13살이다

알게된 사실

한 걸음 더

친구 부모의 나이를 알아맞히는 마술을 부려보세요.

9의 배수 만들기

9의 배수가 가지고 있는 성질을 이용하면 다양하고 재미있는 수학마술을 만들 수 있다. 또, 어떤 수를 9의 배수로 만드는 방법을 많이 알고 있다면 여러 가지 마술을 만들 수 있다.

9의 배수를 만드는 방법은 다음과 같다.

1) 마음대로 선택한 수에 9를 곱한다.
   13 × 9=117 456 × 9=4104 2135 × 9=19215

2) 마음대로 선택한 수에 10을 곱한 다음, 선택한 수를 뺀다.
   47 × 10=470, 470 - 47=423 17 × 10 - 17=153
   수학마술에서는 선택한 수에 10을 곱하라고 주문하는 것보다 끝자리에 0을 쓰라고 하는 것이 궁금증을 자아낼 수 있다.

3) 마음대로 선택한 수에 8을 곱한 다음, 원래의 수를 더한다.
   35 × 8 + 35=315 5678 × 8 + 5678=51102
   8을 곱한 다음, 원래의 수를 더하는 것, 10을 곱한 다음, 원래의 수를 빼는 것은 결국 9를 곱하는 것과 같다.

4) 마음대로 수를 선택하고, 각 자리 수의 합을 구한다. 선택한 수에서 각 자리 수의 합을 뺀다.
   9482, 9 + 4 + 8 + 2=23 → 9482 - 23=9459
   416, 4 + 1 + 6=11 → 416 - 11=405

5) 마음대로 두 자리 이상의 수를 선택하고, 그 수를 반대 방향으로 쓴다. 두 수 중 큰 수에서 작은 수를 뺀다.
   46, 64 → 64 - 46=18 123, 321 → 321 - 123= 198
   4370, 734 → 3636 7994, 4997 → 2997

재미있는 탐구

수학마술에서는 353, 4664과 같이 반대 방향으로 써도 같은 수가 나오는 수를 선택하지 않도록 한다. 반대 방향으로 써서 같은 수를 뺄셈하면 0이 되어 수학 마술을 할 수 없다. 이런 경우를 피하려면 서로 다른 숫자를 사용하여 수를 만들게 한다.

6) 마음대로 수를 선택하고, 그 숫자를 마음대로 섞어 둘째 수를 만든다. 두 수 중에서 큰 수에서 작은 수를 뺀다.
   382, 823 → 441 3462, 6423 → 2961

7) 마음대로 서로 다른 숫자 3개를 선택하여 3자리 수를 2개 만든. 큰 수에서 작은 수를 뺀다.
   5, 7, 2 : 752, 275 → 477 3, 4, 0 : 430, 34 → 396
   서로 다른 숫자 4개를 선택하여 같은 절차를 적용하여도 9의 배수를 만들 수 있다.

8) 마음대로 4자리 수를 선택하고, 천의 자리 수(또는 다른 자리 수)는 그대로 두고 나머지 수를 마음대로 바꾸어 다른 수를 만든다. 두 수 중에서 큰 수에서 작은 수를 뺀다.
   5920, 5029 → 891 9371, 7319(백의 자리 고정) → 2052

9) 마음대로 서로 다른 숫자를 선택하여 가장 큰 수와 가장 작은 수를 만든다. 큰 수에서 작은 수를 뺀다.
   3, 5 : 53, 35 → 53-35=18 5, 7, 1 : 751, 157 → 594
   9, 0, 1, 3 : 9310, 139 → 9171 1, 2, 3, 4, 5 : 54321, 12345 → 41976

10) 마음대로 3자리 이상의 수를 만들고, 가장 높은 자리 수와 일의 자리 수를 바꾼다. 큰 수에서 작은 수를 뺀다.
    569, 965 → 396 9340, 349 → 8991

CHAPTER 01 마술에 걸린 수

09 10개 수의 합을 미리 알아맞히기

처음 두 수를 여러분 마음대로 선택하고, 규칙에 따라 수를 늘어놓으면 수 10개의 합을 미리 알아맞힐 수 있습니다.

마술	활동의 예
▶ 처음 두 수는 여러분이 선택하고, 나머지 수는 앞의 두 수의 합으로 만들겠습니다.	
▶ 한 자리 수를 마음대로 선택하여 말해 주세요.	▶ 8
▶ 또 다른 한 자리 수를 마음대로 선택하여 말해주세요.	▶ 5
▶ 그럼, 5 다음의 수는 8과 5를 더한 13 입니다.	▶ 8, 5, 13
▶ 13의 다음 수를 쓰세요.	▶ 8, 5, 13, 18
▶ 18의 다음 수를 쓰세요.	▶ 8, 5, 13, 18, 31
▶ 31의 다음 수를 쓰세요.	▶ 8, 5, 13, 18, 31, 49

마술

▶ 49의 다음 수는 얼마인가요?

▶ 수를 7개 만들었습니다. 3개를 더 만들어야 합니다. 그런데 10개의 수를 모두 더하면 얼마인지 미리 알아맞히겠습니다. (종이에 880을 쓰고 접어둔다.)

▶ 같은 방법으로 나머지 수를 만들고 계산기로 합을 구해보세요.

▸ 합은 880입니다.

활동의 예

▶ 8, 5, 13, 18, 31, 49, 80

▶ 8, 5, 13, 18, 31, 49, 80, 129, 209, 338

알게된 사실

한 걸음 더

1. 다른 수를 선택하여 마술을 부려 보세요.

2. 처음 두 수를 말했을 때 수 10개의 합을 미리 알아맞히는 마술을 만들어 보세요.

MEMO

10 카드 숫자 알아맞히기

1~9까지의 숫자 카드에서 마음대로 뽑은 카드 2장의 숫자를 알아맞히는 마술입니다.

마술

▶ (뒤돌아서거나 눈을 가린다) 먼저, 1장을 뽑고, 여러 친구들에게 보여주세요.

▶ 그 수에 5를 곱하시오.

▶ 3을 더하시오.

▶ 2를 곱하시오.

▶ 또 다른 한 장을 뽑고, 친구들에게 보여주세요.

▶ 그 수를 더하시오.

▶ 얼마입니까?

활동의 예

▶ 3을 뽑고, 친구들에게 보여준다.

▶ 3 × 5 = 15

▶ 15 + 3 = 18

▶ 18 × 2 = 36

▶ 7을 뽑는다. 친구들에게 보여준다.

▶ 36 + 7 = 43

▶ 43

> 처음에 뽑은 카드는 3이고, 나중에 뽑은 카드는 7입니다.

알게 된 사실

한 걸음 더

1. 3을 더하는 대신에 다른 수를 더하여 카드 숫자를 알아맞히는 마술을 부려보세요.

2. 카드 대신에 주사위를 두 번 던져 주사위의 숫자를 알아맞히는 마술을 만들어 보세요.

11 나이 알아맞히기 2

또 다른 방법으로 나이를 알아맞히는 마술입니다. 이 마술을 이용하면 마음대로 선택한 두 자리 수도 알아맞힐 수 있습니다.

마술

▶ 자신의 나이를 서로 곱하세요.

▶ 자신의 나이에서 1을 뺀 수를 서로 곱하세요.

▶ 앞의 수에서 뒤의 수를 빼세요.

▶ 얼마인가요?

활동의 예

▶ 13×13=169

▶ 12×12=144

▶ 169−144=25

▶ 25

▸ 13살입니다.

알게된 사실

한 걸음 더

위와 같은 마술을 활용하여 마음대로 선택한 수를 알아맞히는 마술을 만들어보세요.

CHAPTER 01 마술에 걸린 수

12 신비의 수 33

3은 예로부터 신비로운 수로 여겨왔으며, 일상생활에서도 널리 사용되는 수입니다. 신비로운 수 3이 2개 겹친 33을 만드는 마술입니다.

마술

활동의 예

▶ 서로 다른 한 자리 수 3개를 쓰시오.

▶ 3, 6, 8

▶ 이 수들을 이용하여 두 자리 수를 모두 만들어보세요. 같은 수를 반복해도 됩니다.

▶ 33, 36, 38, 66, 63, 68, 88, 83, 86

▶ 계산기를 사용하여 두 자리 수들을 모두 더하시오.

▶ 561

▶ 처음 선택한 한 자리 수를 모두 더하시오.

▶ 3+6+8=17

▶ 두 자리 수의 합을 한 자리 수의 합으로 나누시오.

▶ 561÷17=33

▶ 33입니다. 친구들의 답과 비교해보세요.

알게된 사실

한 걸음 더

1. 신비의 수 22를 만드는 마술을 만들어보세요.

2. 신비의 수 44를 만드는 마술을 만들어보세요.

13 번개처럼 빠른 곱셈 마술

한, 두 자리의 곱셈은 구구단이나 암산으로 해결할 수 있지만 네 자리 수끼리의 곱셈은 암산이 매우 어렵고, 연필로 계산해도 시간이 많이 걸립니다. 하지만 마음대로 선택한 네 자리 수의 곱셈을 계산기보다 빠르게 할 수 있는 마술을 부려보겠습니다.

마술

- ▶ 여러분이 선택한 4자리 수끼리 곱셈과 마술사가 선택한 4자리 수끼리 곱셈을 해서 두 수의 합을 아주 짧은 시간에 구하겠습니다.
- ▶ 마음대로 4자리 수를 선택하시오.
- ▶ 또 다른 4자리 수를 선택하시오.
- ▶ 여러분의 계산 문제는 6794×2583입니다.
- ▶ 마술사의 계산 문제는 6794×7416입니다.
- ▶ 이들을 곱셈하여 합을 계산기보다 빨리 구하겠습니다. 자, 여러분은 계산기로 계산해보세요.

활동의 예

- ▶ 6794
- ▶ 2583

학생의 문제	마술사의 문제
6794	6794
× 2583	× 7416

➡ 67933206

알게 된 사실

한 걸음 더

1. 마음대로 두 자리 수를 선택하여 곱셈 마술을 부려보세요.

2. 마음대로 세 자리 수를 선택하여 곱셈 마술을 부려보세요.

자신의 수 복제

여러 번 계산하면 자신의 수가 다시 나오는 신기한 숫자 복제 마술입니다.

마술

- ▶ 마음대로 3자리 수를 선택하세요.
- ▶ 그 수를 다시 이어 써서 6자리 수를 만드세요.
- ▶ 7로 나누세요.
- ▶ 11로 나누세요.
- ▶ 13으로 나누세요.

활동의 예

- ▶ 482
- ▶ 482482
- ▶ 482482 ÷ 7=68926
- ▶ 68926 ÷ 11=6266
- ▶ 6266 ÷ 13=482

➡ 처음에 선택한 수가 나오는 복제 마술입니다.

알게된 사실

한 걸음 더

다른 세 자리 수를 복제 마술을 부려보세요.

곱셈 규칙

어떤 수에 101을 곱하면 어떤 규칙이 나타나는지 알아보자. (한 자리 수) × 101인 경우는 5 × 101=505인 것처럼 결과가 한 자리 수의 반복이다. (두 자리 수) × 101인 경우에는 58 × 101=5858인 것처럼 결과가 두 자리 수의 반복이다. (세 자리 수) × 101인 경우에는 결과에서 반복되는 것을 찾을 수 없다.

```
      5            8           34           65
  × 101        × 101        × 101        × 101
  ─────        ─────        ─────        ─────
    505          808           34           65
                              34           65
                            ─────        ─────
                             3434         6565
```

세 자리 수의 곱에서 반복되는 규칙이 나타나게 하려면 1001을 곱해야 한다.

```
       365              729
   × 1001          × 1001
   ──────          ──────
       365              729
   365              729
   ──────          ──────
   365365           729729
```

위의 규칙에 의하면 네 자리 수의 곱에서 반복되는 규칙이 나타나게 하려면 10001을 곱해야 함을 알 수 있다.

$$
\begin{aligned}
45 \times 101 &= 4545 \quad \longrightarrow \text{두 자리 수 반복} \\
453 \times 1001 &= 453453 \quad \longrightarrow \text{세 자리 수 반복} \\
4536 \times 10001 &= 45364536 \quad \longrightarrow \text{네 자리 수 반복} \\
45367 \times 100001 &= 4536745367 \quad \longrightarrow \text{다섯 자리 수 반복}
\end{aligned}
$$

또, 45 × 101=4545에서 45가 2번 반복되어 나타난다. 3번 반복되어 나타나게 하려면 10101을 곱하면 된다.

```
        45 ×         101 = 4545              ┈┈→ 두 번 반복
        45 ×       10101 = 454545            ┈┈→ 세 번 반복
        45 ×     1010101 = 45454545          ┈┈→ 네 번 반복
        45 ×   101010101 = 4545454545        ┈┈→ 다섯 번 반복
```

특히, 10101은 13, 21, 37의 배수이므로 이를 이용한 마술을 다음과 같이 만들 수 있다.

1) 마음대로 두 자리 수를 선택하세요. (39)
2) 그 수를 3번 반복하여 쓰세요. (393939)
3) 그 수를 37로 나누세요. (393939 ÷ 37=10647)
4) 다시 21로 나누세요. (10647 ÷ 21=507)
5) 다시 13으로 나누세요. (507 ÷ 13=39)

453 × 1001=453453에서 453이 2번 반복되어 나타난다. 3번 반복되어 나타나게 하려면 1001001을 곱하면 된다는 것을 짐작할 수 있다.

```
       453 ×            1001 = 453453             ┈┈→ 두 번 반복
       453 ×         1001001 = 453453453          ┈┈→ 세 번 반복
       453 ×      1001001001 = 453453453453       ┈┈→ 네 번 반복
       453 ×   1001001001001 = 453453453453453    ┈┈→ 다섯 번 반복
```

4536 × 10001=45364536에서 4536이 2번 반복되어 나타나므로 위와 같은 규칙을 적용하여 4536이 3번 반복되어 나타나게 하려면 100010001을 곱하면 된다.

```
      4536 ×           10001 = 45364536            ┈┈→ 두 번 반복
      4536 ×       100010001 = 453645364536        ┈┈→ 세 번 반복
      4536 ×   1000100010001 = 4536453645364536    ┈┈→ 네 번 반복
```

15 누구나 27

서로 다른 사람이 서로 다른 수를 마음대로 선택하여 계산하였음에도 답이 모두 같게 나오는 신기한 마술입니다.

마술

활동의 예

▶ 마음대로 4자리 수를 선택하세요.

▶ 3621

▶ 천의 자리 숫자와 일의 자리 숫자를 서로 바꾸세요.

▶ 1623

▶ 두 수 중 큰 수에서 작은 수를 빼세요.

▶ 3621 - 1623 = 1998

▶ 각 자리 수를 더하세요.

▶ 1 + 9 + 9 + 8 = 27

▶ 답이 얼마인지 크게 말해보세요. 하나 둘 셋

▶ 27

알게 된 사실

한 걸음 더

1. 다른 4자리 수를 선택하여 마술을 부려보세요.

2. 어떤 수를 선택하여도 계산 결과가 18이 되는 '누구나 18' 마술을 만들어보세요.

자리 숫자 교환의 규칙

마음대로 두 자리 이상의 수를 선택하고 가장 큰 자리 숫자와 가장 작은 자리 숫자를 서로 교환하여 새로운 수를 만든다. 두 수 중에서 (큰 수) − (작은 수)를 계산하였을 때 나타나는 규칙을 알아보자.

1. 두 자리 수인 경우

선택한 수	자리 숫자 교환한 수	두 수의 차
73	37	73 − 37 = 36
19	91	91 − 19 = 72
60	6	60 − 6 = 54
58	85	85 − 58 = 27

규칙 각 자리 수의 합은 9이다.

36 → 3+6=9   72 → 7+2=9   54 → 5+4=9

2. 세 자리 수인 경우

선택한 수	자리 숫자 교환한 수	두 수의 차
528	825	825 − 528 = 297
109	901	901 − 109 = 792
372	273	372 − 273 = 99
935	539	935 − 539 = 396

규칙
① 각 자리 수의 합은 18이다.

297 → 2+9+7=18   396 → 3+9+6=18

② 가운데 자리 숫자는 9이다.

③ 백의 자리와 일의 자리 수를 더하면 9이다.

297   396
 +   +
 9   9

3. 네 자리 수인 경우

선택한 수	자리 숫자 교환한 수	두 수의 차
2456	6452	6452 - 2456 = 3996
3128	8123	8123 - 3128 = 4995
3009	9003	9003 - 3009 = 5994
1879	9871	9871 - 1879 = 7992

규칙

① 각 자리 수의 합은 27이다.

3996 → 3+9+9+6=27   4995 → 4+9+9+5=27

② 가운데 자리의 숫자는 9가 2개 있다.

③ 천의 자리 수와 일의 자리 수를 더하면 9이다.

3996   5994
 +   +
 9   9

④ 천의 자리 수는 교환한 수들의 차보다 1 작다.

교환한 수 : 6, 2   차 : 3996
         4-1=3

4. 다섯 자리 수인 경우

다섯 자리 이상인 경우에도 같은 규칙이 나타난다.

가운데 자리의 숫자 9는 세 자리 수인 경우 1개, 네 자리 수인 경우 2개 등으로 자리수가 늘어날 때마다 가운데 자리 숫자 9는 1개씩 늘어난다.

선택한 수	자리 숫자 교환한 수	두 수의 차
45	54	9
369	963	594
4937	7934	2997
83201	13208	69993
251607	751602	499995

16 생년월일 알아맞히기 1

생년월일 8자리를 알아맞히는 마술입니다. 2009년 2월 9일은 2009 02 09로 나타냅니다.

마술

▶ 자신의 생년월일을 쓰세요.

▶ 첫째 수와 둘째 수의 합, 둘째 수와 셋째 수의 합, 넷째 수와 다섯째 수의 합, …, 일곱째 수와 여덟째 수의 합을 말해주세요.

▶ 둘째 수와 마지막 수의 합을 말해주세요.

활동의 예

▶ 19980526

▶ 10, 18, 17, 8, 5, 7, 8

▶ 15

➙ 당신의 생년월일은 2010년 3월 9일입니다.

알게된 사실

한 걸음 더

1. 010을 제외한 전화번호 8자리 수를 알아맞히는 마술을 부려보세요.

2. 마음대로 선택한 4자리 수를 알아맞히는 마술을 부려보세요.

3. 마음대로 선택한 5자리 수를 알아맞히는 마술을 부려보세요.

17 원하는 답이 나오는 덧셈 문제 만들기

학생과 마술사가 힘을 합하여 학생이 원하는 덧셈 문제를 만드는 마술입니다.

마술

활동의 예

▶ 어떤 답이 나오기를 원하는지 3자리 수를 쓰세요.

▶ 456

▶ 그럼, 답이 456이 되는 덧셈 문제를 만들겠습니다. 물론 마술사가 만드는 것이 아니고 여러분과 마술사가 힘을 합하여 문제를 만드는 것입니다.

▶ 먼저, 마술사가 60을 쓰겠습니다.

▶ 60

▶ 여러분이 마음대로 수를 선택하여 두 자리 수를 쓰세요.

▶ 60+28

▶ 마술사는 71을 쓰겠습니다.

▶ 60+28+71

▶ 다른 사람이 수를 마음대로 선택하여 두 자리 수를 쓰세요.

▶ 60+28+71+50

▶ 마술사는 49를 쓰겠습니다.

▶ 60+28+71+50+49

마술

- ▶ 다른 사람이 수를 마음대로 선택하여 두 자리 수를 쓰세요.

- ▶ 마술사는 65를 쓰겠습니다.

- ▶ 다른 사람이 수를 마음대로 선택하여 두 자리 수를 쓰세요.

- ▶ 마술사는 83을 쓰겠습니다.

- ▶ 계산하여 보세요.

활동의 예

- ▶ 60+28+71+50+49+34

- ▶ 60+28+71+50+49+34+65

- ▶ 60+28+71+50+49+34+65+16

- ▶ 60+28+71+50+49+34+65+16+83

▸ 456

알게된 사실

한 걸음 더

1. 답이 378이 나오는 덧셈 마술을 부려 보세요.

2. 답이 5247이 나오는 덧셈 마술을 부려 보세요.

MEMO

18 마음 읽기

다른 사람이 마음을 읽는 마술을 독심술이라고 합니다. 수학 마술에서도 다른 사람이 생각한 수를 알아맞히는 독심술이 있습니다.

마술

- 1~9까지 수 가운데 좋아하는 수를 선택하세요.
- 3을 곱하세요.
- 1을 더하세요.
- 3을 곱하세요.
- 선택한 수를 더하세요.

활동의 예

- 7
- 7×3=21
- 21+1=22
- 22×3=66
- 66+7=73

> 생각한 수는 7입니다.

알게된 사실

한 걸음 더

1. 생각한 수를 알아맞히는 마술을 해보세요.

2. 1을 더하는 대신에 4를 더하면 알아맞힐 수 있는지 알아보세요.

19 신비의 수 6174

마음대로 수 4개를 선택하고 몇 번만 계산하면 그 이후에는 6174가 반복되어 나오는 신비한 덧셈 마술입니다.

마술	활동의 예
▶ 서로 다른 숫자 4개를 마음대로 선택하세요.	▶ 4, 3, 7, 9
▶ 가장 큰 수를 만드세요.	▶ 9743
▶ 가장 작은 수를 만드세요.	▶ 3479
▶ 큰 수에서 작은 수를 빼세요.	▶ 9743 - 3479 = 6264
▶ 답의 숫자를 사용하여 가장 큰 수와 작은 수를 만드세요.	▶ 6642, 2466
▶ 큰 수에서 작은 수를 빼세요.	▶ 6642 - 2466 = 4176
▶ 답의 숫자를 사용하여 가장 큰 수와 가장 작은 수를 만드세요.	▶ 7641, 1467
▶ 큰 수에서 작은 수를 빼세요.	▶ 7641 - 1467 = 6174
▶ 같은 절차를 되풀이 해보세요.	▶ 7641 - 1467 = 6174

알게된 사실

한 걸음 더

마음대로 숫자 3개를 선택하여 마술을 만들어보세요. 어떤 수가 반복되어 나타날까요?

20 생년월일 알아맞히기 2

생년월일을 알아맞히는 또 다른 마술입니다.

마술

- ▶ 태어난 해에 100을 곱하세요.

- ▶ 태어난 월을 더하세요.

- ▶ 2를 곱하세요.

- ▶ 8을 더하세요.

- ▶ 5를 곱하세요.

- ▶ 4를 더하세요.

- ▶ 10을 곱하세요.

- ▶ 태어난 일을 더하세요.

- ▶ 4를 더하세요.

활동의 예

- ▶ 2009 × 100=200900

- ▶ 200900 + 12=200912

- ▶ 200912 × 2=401824

- ▶ 401824 + 8=401832

- ▶ 401832 × 5=2009160

- ▶ 2009160 + 4=2009164

- ▶ 20091640 × 10=20091640

- ▶ 20091640 + 25=20091665

- ▶ 20091665 + 4=20091669

•▸ 음, 2009년 12월 25일이군

알게된 사실

한 걸음 더

마음대로 선택한 8자리 수를 알아맞히는 마술을 만들어 보세요.

21 태어난 월일 알아맞히기

다른 방법으로 생년월일을 알아맞히는 마술인데 여기서는 태어난 월, 태어난 일을 알아맞히는 마술입니다.

마술

▶ 태어난 월에 2를 곱하세요.

▶ 10을 더하세요.

▶ 50을 곱하세요.

▶ 태어난 일을 더하세요.

▶ 365를 빼세요.

활동의 예

▶ 1 × 2 = 2

▶ 2 + 10 = 12

▶ 12 × 50 = 600

▶ 600 + 1 = 601

▶ 601 − 365 = 236

›› 음, 1월 1일이군

알게 된 사실

한 걸음 더

마음대로 선택한 4자리 수를 알아맞히는 마술을 부려보세요.

22 훌륭한 인물 예언하기

미래에 훌륭한 인물이 될 수 있는지를 알아보는 마술로서 학생들이 긍정적이고 예언을 실현하려는 동기를 부여할 수 있습니다.

마술

- 이순신 장군의 생년월일은 1554년 4월 28일입니다. 자신의 생년월일을 8자리 수로 쓰시오.

- 8개 숫자로 가장 큰 수를 만드시오.

- 생년월일의 수를 빼시오.

- 결과에서 각 자리의 수를 모두 더하세요. 한 자리 수가 될 때까지 더하세요.

- 9이면 훌륭한 사람이 될 것입니다.

활동의 예

- 15540428

- 85544210

- 8554410 - 15540428 = 70003782

- 7 + 0 + 0 + 0 + 3 + 7 + 8 + 2 = 27 → 2 + 7 = 9

▸ 훌륭한 사람이 될 것이므로 지금부터 열심히 노력하세요.

알게 된 사실

한 걸음 더

마음대로 선택한 4자리 수를 알아맞히는 마술을 만들어 보세요.

MEMO

CHAPTER 02

마술에 빠진 도형

01 사라진 선분

선분이 그려진 종이를 잘라 위, 아래로 옮기면 선분이 사라지는 마술입니다.

▶ [그림 1 - 1]과 같이 선분 10개가 그려져 있습니다. (〈부록 1 - 1〉을 사용하세요)

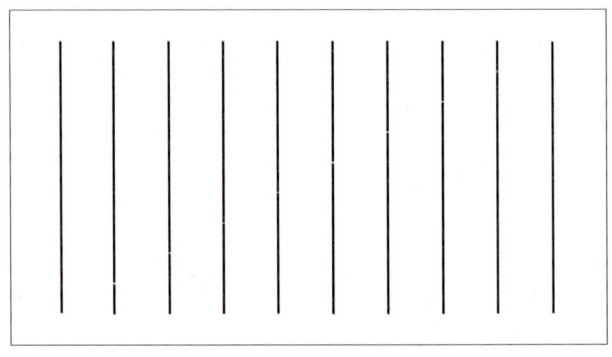

[그림 1-1]

▶ [그림 1 - 2]와 같이 점선을 따라 가위로 자릅니다.

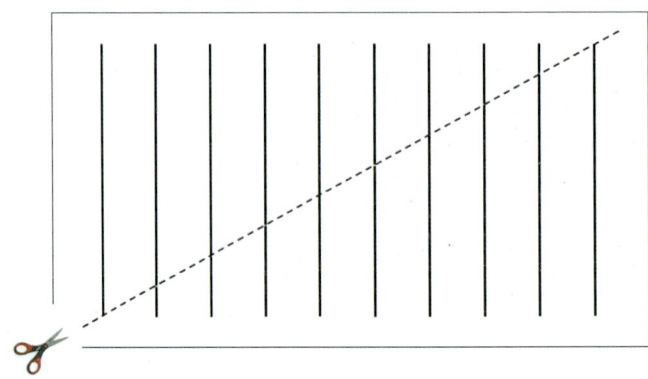

[그림 1-2]

▶ [그림 1 - 3]과 같이 옮겨 놓으면 선분이 9개가 됩니다.

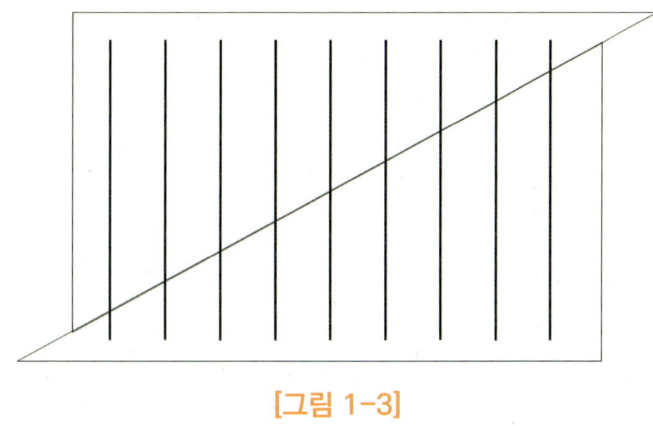

[그림 1-3]

▶ 선분 하나는 어디로 갔을까요?

▶ 원래대로 하면 선분이 다시 10개가 됩니다. 무엇이 어떻게 달라졌을까요?

02 직사각형이 정사각형으로 변신

사라진 선분과 같은 원리의 마술인데 직사각형이 정사각형으로 변신하는 마술입니다.

마술

▶ 가로 5cm, 세로 4cm인 직사각형을 [그림 2 - 1]과 같이 그렸습니다.(〈부록 2 - 1〉을 사용하세요)

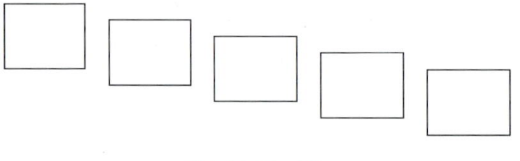

[그림 2-1]

▶ [그림 2 - 2]와 같이 점선을 따라 잘라서 옮겨 붙였더니 직사각형 1개가 없어지고, 직사각형이 정사각형으로 변신하였습니다. 직사각형 1개는 어디로 갔을까요?

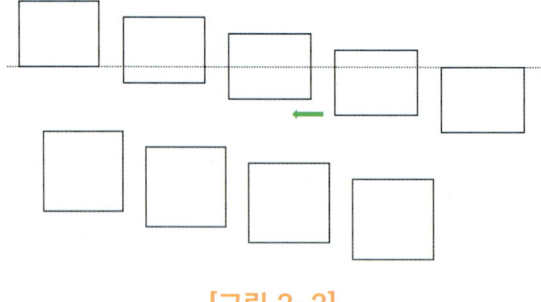

[그림 2-2]

▶ 직사각형 5개 넓이의 합은 얼마입니까?

▶ 정사각형 4개의 넓이의 합은 얼마일까요?

MEMO

 # 03 64=65인가?

64는 65보다 1 작은 수임에 분명하지만 정사각형 모눈종이를 잘라 도형을 옮겨 붙이면 같아지는 마술입니다.

마술

▶ 한 변의 길이가 8인 정사각형이 있습니다. (〈부록 3 - 1〉을 사용하세요.)

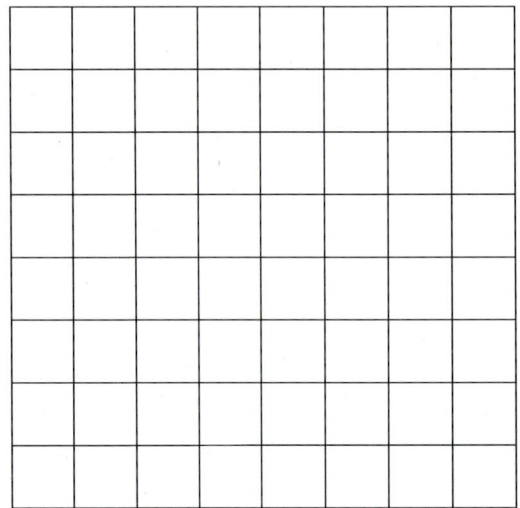

[그림 3-1] 8 × 8인 정사각형

▶ 한 변의 길이가 1인 정사각형은 몇 개인가요?

▶ 정사각형 모눈종이를 [그림 3 - 2]와 같이 잘라서 [그림 3 - 3]과 같이 옮겨 붙여 직사각형을 만들었습니다.

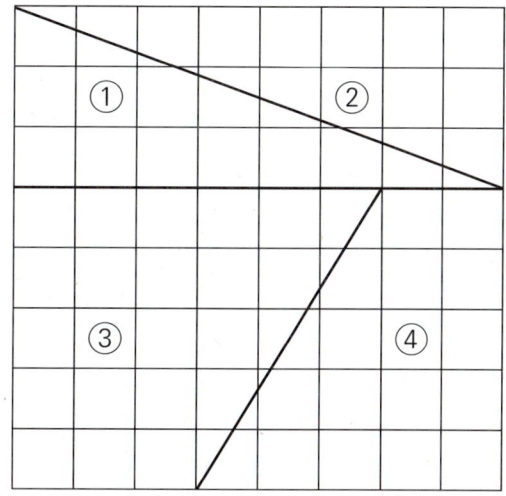

[그림 3-2]

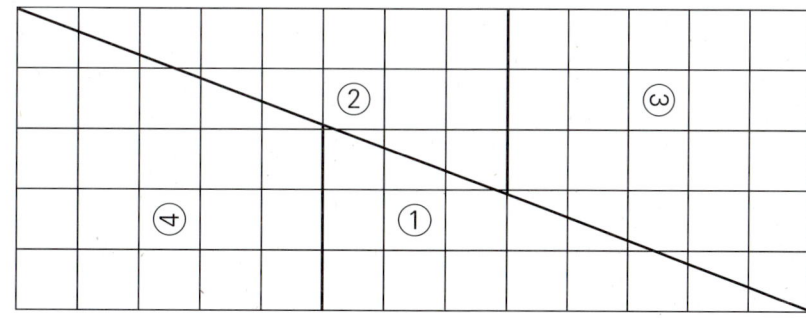

[그림 3-3]

▶ [그림 3 - 3]에서 한 변의 길이가 1인 정사각형은 몇 개인가요?

▶ 정사각형이 1개 더 늘어났습니다. 어찌된 일일까요?

04 줄어든 넓이 1

이번에는 정사각형의 모눈종이를 잘라서 재배열하면 넓이가 줄어드는 마술입니다.

마술

▶ 한 변의 길이가 8인 정사각형의 모눈종이를 [그림 4 - 1]과 같이 잘라서 [그림 4 - 2]와 같이 만들어 보세요. (〈부록 4 - 1〉을 사용하세요)

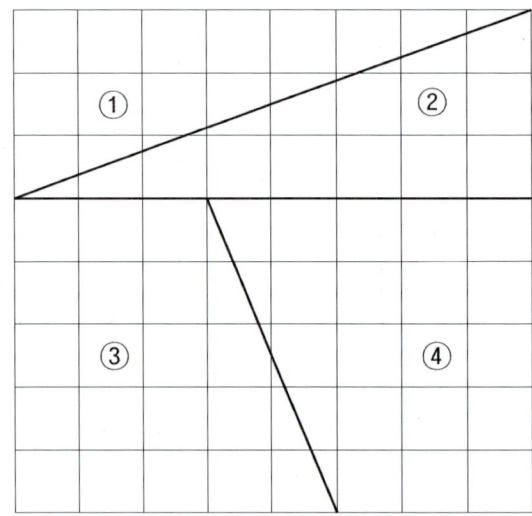

[그림 4-1]

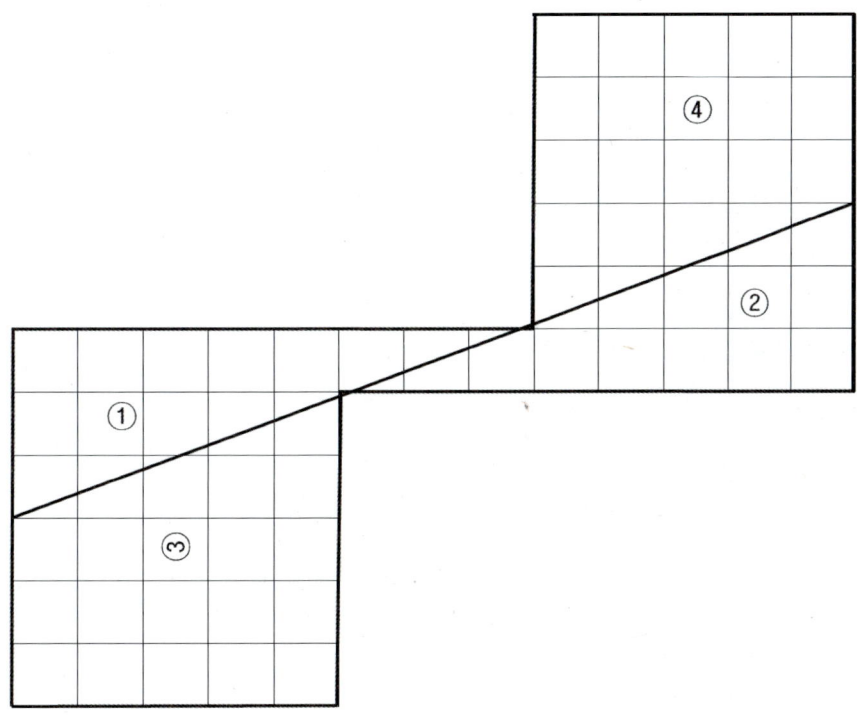

[그림 4-2]

▶ 새로 만든 도형 [그림 4-2]의 넓이는 얼마인가요?

▶ [그림 4-1]에서 정사각형의 넓이는 64였는데 [그림 4-2]에서는 63입니다. 넓이가 1만큼 줄어들었습니다. 어찌된 일인가요?

▶ 한 변의 길이가 13인 정사각형을 잘라 재배열해보고 넓이의 변화를 살펴보세요.
〈부록 4-2〉

CHAPTER 02 마술에 빠진 도형

넓이가 변하는 도형

한 변의 길이가 8인 정사각형을 잘라 [그림 탐-1]와 같이 삼각형으로 만들면 삼각형 넓이가 65가 되어 원래보다 1만큼 늘어난다. 그러나 실제로 종이를 오려 이어 붙여보면 큰 삼각형의 빗변은 직선이 되지 않으며, 직선으로 맞추면 공간이 조금 생기게 된다. 그 공간의 넓이가 곧 정사각형 1개의 넓이와 같다.

왜 삼각형의 빗변이 직선이 안 되는지 알아보면, ①, ③으로 만든 직각삼각형이 올바르다면 [그림 탐-2]에서 보는 것처럼 삼각형 ①과 삼각형 ①③은 닮음이므로 길이의 비가 같아야 한다. 그러나 (큰 삼각형 ①③의 밑변 길이 5) : (작은 삼각형 ①의 밑변 길이 3)과 (큰 삼각형 ①③의 높이 13) : (작은 삼각형 ①의 높이 8)의 비가 같지 않다. 따라서 ①, ③으로 만든 직각삼각형은 올바른 삼각형이 아니다.

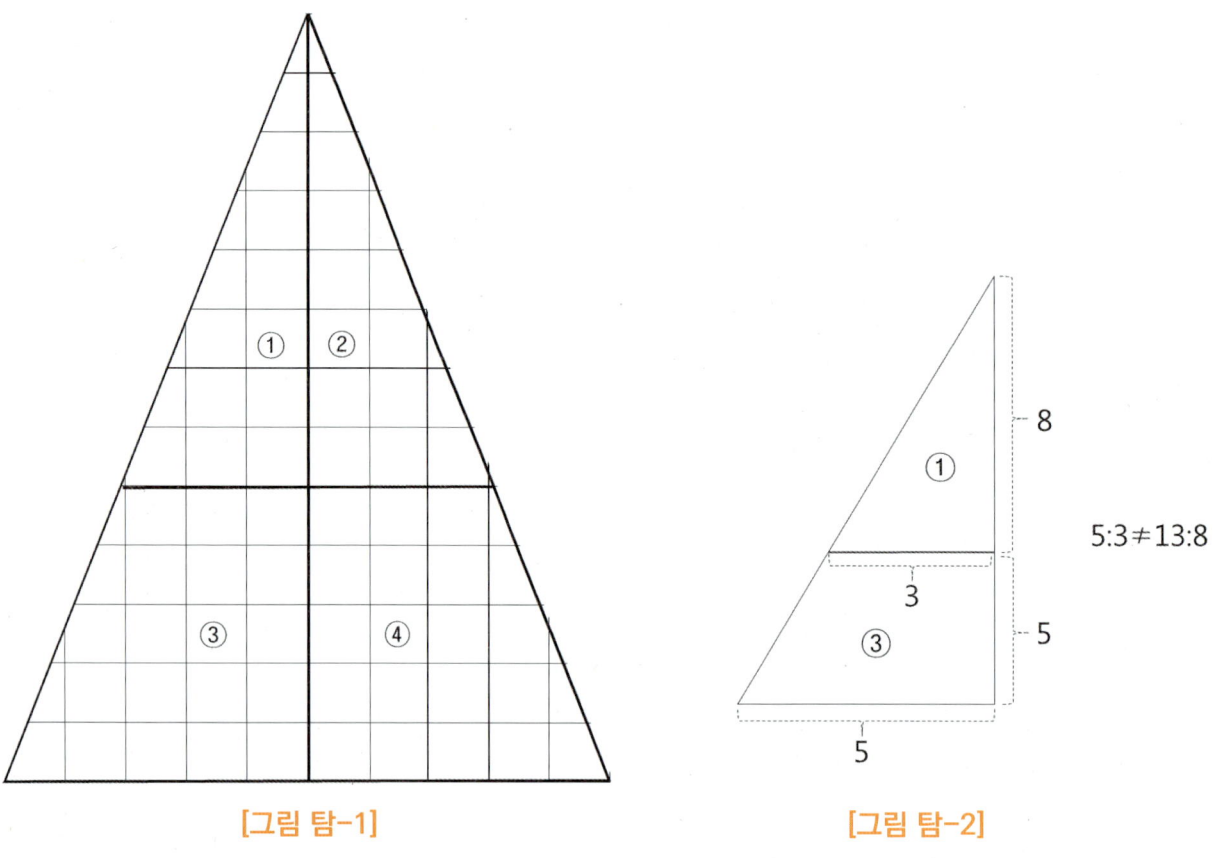

[그림 탐-1]   [그림 탐-2]

한 변의 길이가 8인 정사각형을 잘라 재배열하면 넓이가 늘어나거나 줄어드는 마술을 알아보았다. 이와 같이 정사각형을 잘라 재배열하였을 때 넓이가 달라지는 또 다른 정사각형이 있는지 알아보자.

한 변의 길이가 8인 정사각형을 [그림 탐 - 3]과 같이 잘라 재배열하면 넓이가 달라졌는데 삼각형과 사다리꼴의 각 변의 길이를 주의 깊게 살펴보자.

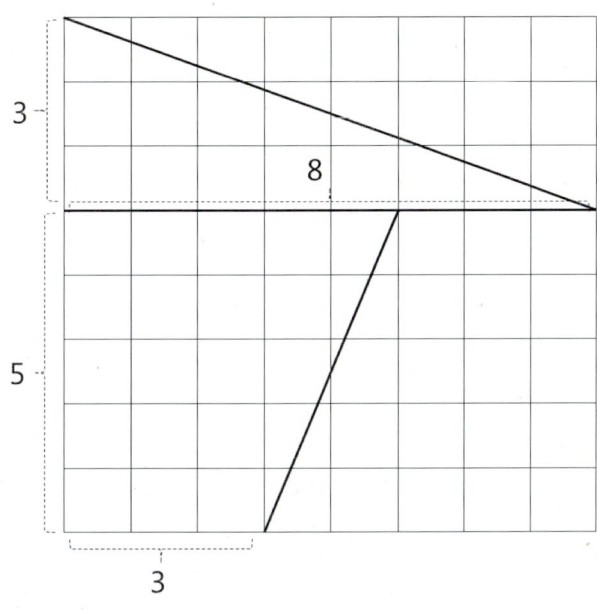

[그림 탐-3]

삼각형의 밑변과 높이는 3, 8이고, 사다리꼴의 윗변, 아랫변, 높이는 3, 5, 5이다.
세 수 3, 5, 8은 피보나치 수열의 일부이다. 피보나치는 이탈리아 수학자이고, 수열이란 일정한 규칙에 따라 늘어놓은 수들을 말한다. 피보나치 수열은 피보나치가 토끼 번식에서 발견한 수열인데 앞의 두 수의 합이 다음 수가 되는 규칙이 있는 수열이다.

피보나치 수열

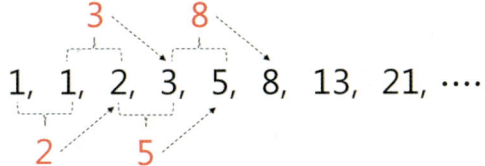

재미있는 탐구

피보나치 수열의 특징 중의 하나는 가운데 수의 제곱은 앞, 뒤 수의 곱보다 1이 크거나 작다는 것이다. 제곱이란 5 × 5, 8 × 8처럼 같은 수끼리 곱을 말한다.

1, 1, 2, 3, 5, 8, 13, 21, ….

2x2=1x3+1,   3x3=2x5-1
5x5=3x8+1,   8x8=5x13-1
13x13=8x21+1   21x21=13x34-1

8 × 8인 정사각형을 변의 길이가 3, 5, 8인 삼각형과 사다리꼴로 분할하여 재배열하면 넓이가 줄어들거나 늘어난다. 피보나치 수열에서 알 수 있듯이 5 × 5인 정사각형은 변의 길이가 2, 3, 5인 삼각형과 사다리꼴로, 13 × 13인 정사각형은 변의 길이가 8, 13, 21인 삼각형과 사다리꼴로 나누어 재배열하면 넓이가 달라지는 마술을 만들 수 있다.

[그림 탐 - 4]는 한 변의 길이가 5인 정사각형을 잘라 재배열하여 넓이가 줄어드는 마술이다.

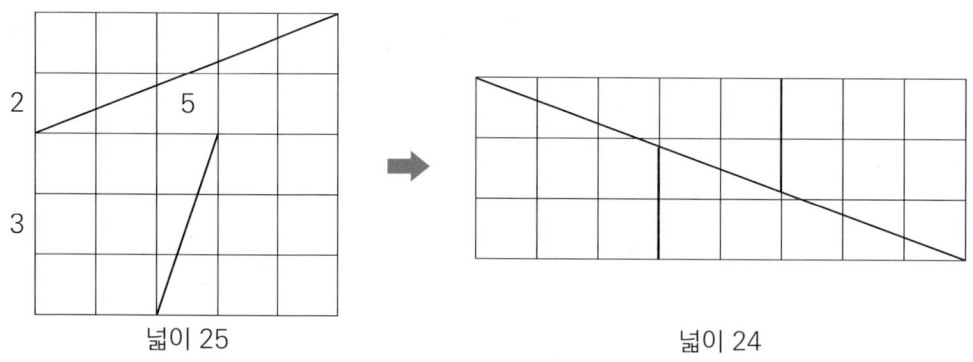

[그림 탐-4]

넓이는 변하지 않지만 빈 공간의 크기가 변하는 도형 마술도 있다. [그림 탐 - 5]는 13 × 5인 직사각형 모눈종이에 삼각형 ①, ②, ③을 그렸다. 빈 공간의 넓이는 15이다. 삼각형 ②와 ③의 위치를 바꾸면 빈 공간의 넓이가 16으로 1만큼 늘어났다.

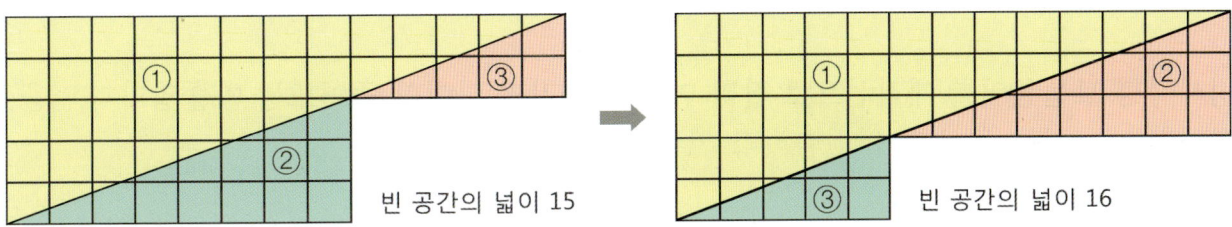

[그림 탐-5]

또 다른 도형 마술을 알아보자. (〈부록 탐 - 1〉을 사용하세요)

[그림 탐 - 6]과 같이 10 × 3인 직사각형 모눈종이를 잘라 [그림 탐 - 7]처럼 재배열하였다. [그림 탐 - 6]의 직사각형 넓이는 30인데 [그림 탐 - 7]의 넓이는 32이다. 넓이가 2만큼 더 늘어났다.

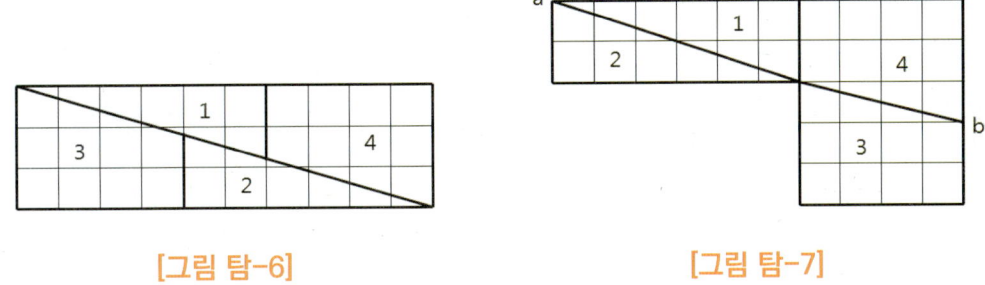

[그림 탐-6]   [그림 탐-7]

[그림 탐 - 7]을 자세히 살펴보면 그 이유를 바로 알 수 있을 것이다. 삼각형과 사다리꼴의 변을 이은 선분 ab는 직선이 아니다. 도형의 위치를 바꿈으로써 넓이가 변한 것처럼 보이지만 실제로 해보면 그렇지 않다는 것을 알 수 있다. 물론 닮음비를 이용하면 수학적으로 증명할 수 있다.

05 줄어든 넓이 2

정사각형 모눈종이를 대각선으로 잘라 아래로 옮기면 넓이가 줄어드는 마술입니다.

마술

▶ 한 변의 길이가 8인 정사각형 모눈종이가 있습니다. 점선을 따라 가위로 자르고, 왼쪽 아래로 옮겨 붙인 다음, 남은 부분의 삼각형을 잘라 왼쪽 아래 빈 곳으로 옮기면 7 × 9 인 직사각형이 됩니다. (〈부록 5 - 1〉을 사용하세요.)

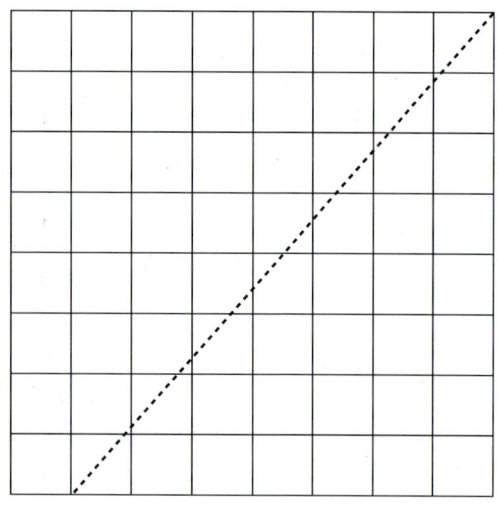
점선을 따라 자름

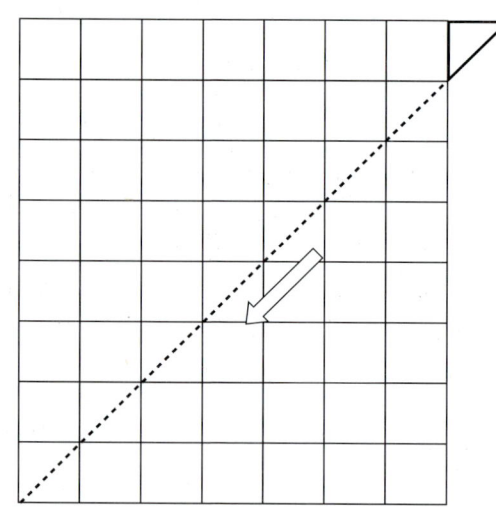
화살표 방향으로 이동

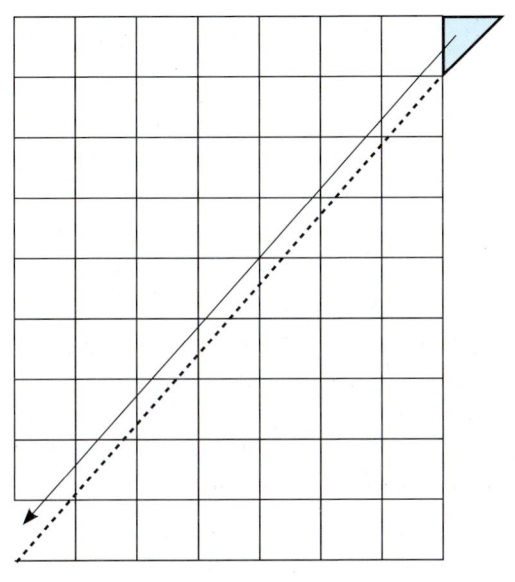
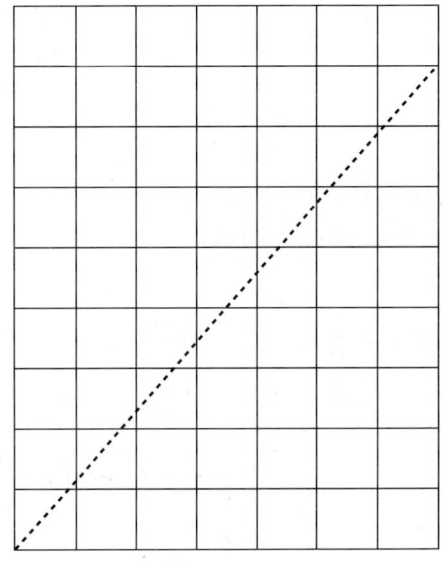

남은 부분의 삼각형을 아래로 이동   7x9인 직사각형

▶ 처음에는 한 변의 길이가 8이고 넓이가 64인 정사각형이었는데 도형을 옮겨 이어 붙였더니 가로, 세로의 길이가 7 × 9이고 넓이가 63인 직사각형으로 바뀌고 넓이가 1만큼 줄었습니다. 어찌된 일인가요?

▶ 새로 만든 직사각형의 넓이를 구하시오.

 정사각형에 정사각형 구멍내기

정사각형 색종이를 잘라 옮겨 붙이면 정사각형 구멍이 있는 정사각형을 만드는 마술입니다.

마술

▶ 정사각형 색종이를 4조각으로 잘라 그림과 같이 가운데에 정사각형 모양의 구멍이 있는 정사각형을 만들어보세요. (〈부록 6 - 1〉의 도형을 잘라서 사용하세요.)

▶ 직사각형 모양의 종이를 4조각으로 잘라서 가운데에 직사각형 모양의 구멍이 있는 직사각형을 만들어 보세요.(〈부록 6 - 2〉의 도형을 잘라서 사용하세요.)

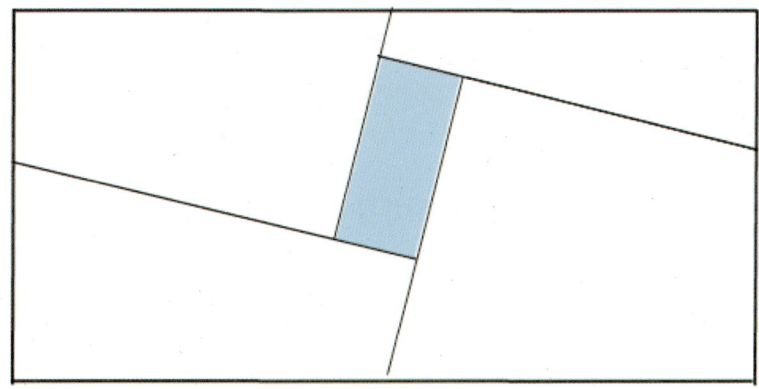

▶ 다음 그림과 같은 + (십자) 모양의 종이를 잘라 정사각형으로 만들어 보세요.(〈부록 6 - 3〉의 도형을 잘라서 사용하세요.)

07 색종이로 몸 통과시키기

작은 색종이를 잘라서 자신의 몸을 통과시키는 마술입니다.

▶ 한 변의 길이가 15cm인 정사각형 색종이를 〈그림 7 - 1〉과 같이 서로 떨어지지 않게 잘라서 몸을 통과시켜 보세요.

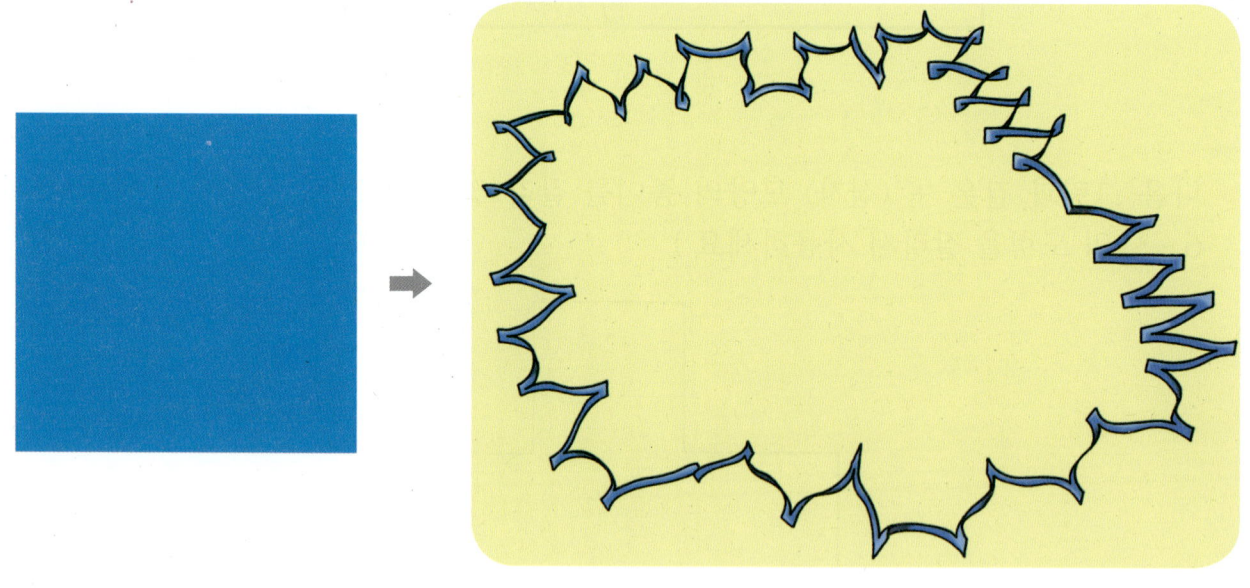

〈그림 7-1〉

▶ 어떻게 잘라야 하는지 생각해보세요.

 # 자유 찾기

두 사람이 끈으로 묶어 있는데 끈을 자르지 않고 풀 수 있는 마술입니다.

마술

▶ 펭수와 산슬이가 〈그림 8 - 1〉처럼 끈으로 손목이 엇갈려 묶여 있어 서로 떨어질 수 없습니다. 끈을 자르지 않고 두 사람이 자유를 찾을 수 있는 방법을 생각해보세요.

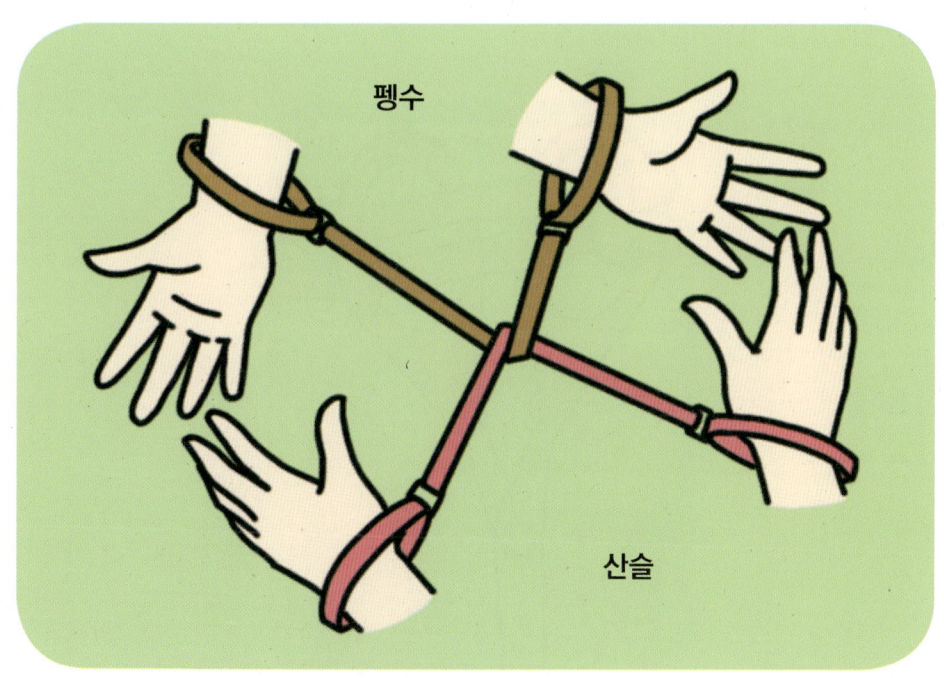

〈그림 8-1〉

▶ 고무 밴드를 옮기는 마술입니다. 고무 밴드를 〈그림 8-2〉처럼 검지에 고무 밴드를 걸고, 고무 밴드를 잡아 늘려 중지를 한 바퀴 돌려 검지에 끼우고, 다른 사람이 검지를 꼭 잡게 하고 눈을 감게 합니다. 검지와 중지에 감겨 있는 고무 밴드를 중지로 옮겨 보세요.

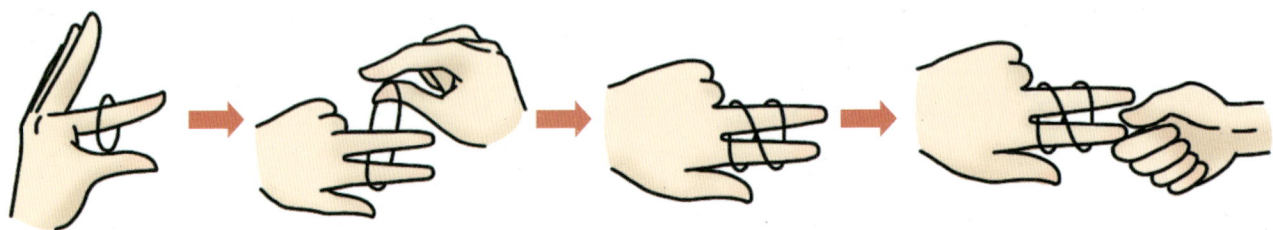

〈그림 8-2〉

▶ 〈그림 8-3〉처럼 가위가 끈에 묶여 있습니다. 끈의 오른쪽 끝은 고정되어 있지만 끈의 길이는 충분합니다. 묶여진 끈에서 가위를 빼내어 보세요. 물론 끈을 자르면 안 됩니다.

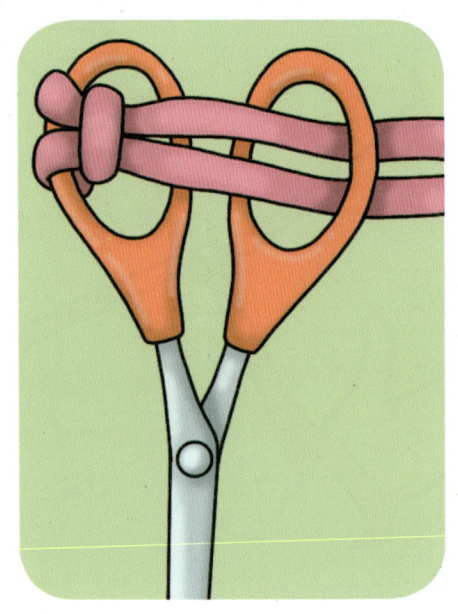

〈그림 8-3〉

CHAPTER 03

마술에 녹은 달걀

01 달력 마술 1

달력에 가로로 연속 3일을 표시하고 합이 얼마인지 알려주면 며칠인지 알아맞히는 마술입니다.

마술

활동의 예

▶ (달력을 제시하며 눈을 가린다) 여러분이 마음대로 연속적인 3일을 표시하세요.

일	월	화	수	목	금	토
			1	2	3	4
5	6	7	8	9	10	11
12	13	14	15	16	17	18
19	20	21	22	23	24	25
26	27	28	29	30	31	

▶ 달력에 6, 7, 8일을 표시한다.

▶ 합이 얼마인지 말해주면 며칠인지 알아맞히겠습니다.

▶ 21

•• ▶ 6일, 7일, 8일입니다.

▶ 다시 한 번 해 보겠습니다. (눈을 가린다) 마음대로 연속적인 3일을 표시하세요.

일	월	화	수	목	금	토
			1	2	3	4
5	6	7	8	9	10	11
12	13	14	15	16	17	18
19	20	21	22	23	24	25
26	27	28	29	30	31	

▶ 달력에 17, 18, 19일을 표시한다.

▶ 세 수의 합이 얼마인지 말해주세요.

▶ 54

•• ▶ 17일, 18일, 19일입니다.

알게 된 사실

한 걸음 더

다음 달력을 사용하여 마술을 부려 보세요.

일	월	화	수	목	금	토
						1
2	3	4	5	6	7	8
9	10	11	12	13	14	15
16	17	18	19	20	21	22
23	24	25	26	27	28	29
30	31					

02 달력 마술 2

이번에는 달력에 세로로 연속 3일의 합을 말하면 며칠인지 알아맞히는 마술입니다.

마술

▶ (달력을 제시하며 눈을 가린다) 여러분이 마음대로 연속적인 3일을 세로로 표시하세요.

▶ 합이 얼마인지 말해주면 며칠인지 알아맞히겠습니다.
  ☞ 9일, 16일, 23일입니다.

▶ 다시 한 번 해보겠습니다. (눈을 가린다) 마음대로 연속적인 3일을 표시하세요.

▶ 세 수의 합이 얼마인지 말해주세요.
  ☞ 14일, 21일, 28일입니다.

활동의 예

▶ 달력에 9, 16, 23일을 표시한다.

일	월	화	수	목	금	토
		1	2	3	4	5	6
7	8	(9)	10	11	12	13
14	15	(16)	17	18	19	20
21	22	(23)	24	25	26	27
28	29	30				

▶ 48

▶ 달력에 14, 21, 28일을 표시한다.

일	월	화	수	목	금	토
		1	2	3	4	5	6
7	8	9	10	11	12	13
(14)	15	16	17	18	19	20
(21)	22	23	24	25	26	27
(28)	29	30				

▶ 63

알게된 사실

한 걸음 더

다음 달력을 사용하여 마술을 부려 보세요.

일	월	화	수	목	금	토
			1	2	3	4	5
6	7	8	9	10	11	12
13	14	15	16	17	18	19
20	21	22	23	24	25	26
27	28	29				

수 배열표에서 규칙 1

일정한 규칙에 따라 한 줄로 늘어놓은 수들을 수열이라고 한다면 달력과 같이 직사각형 모양으로 늘어놓은 것을 수 배열표라고 한다. 달력은 주기가 7인 수 배열표이고, 초등학교 수학 교과서에 소개된 수 100 배열표는 주기가 10인 배열표이고, 경우에 따라 주기가 4인 수 배열표, 5인 수 배열표 등이 있다.

수 배열표에서 연속된 세 수를 알아맞히는 마술을 배웠는데 이를 좀 더 확장하여 알아보자.

1. 가로로 연속된 수

수 배열표에서 가로로 연속된 수들의 합을 알면 어떤 수들인지 알아맞히는 마술이다. 연속된 수가 홀수인 경우에는 알아맞히기 쉽지만 짝수 개인 경우에는 절차가 좀 더 복잡하다.

① 다섯 수 연속

연속된 세 수의 합을 3으로 나누면 몫이 둘째 수(가운데 수)를 나타낸다. 마찬가지로 연속된 다섯 수의 합을 5로 나누면 몫은 셋째 수(가운데 수)를 나타낸다.

$$(9+10+11+12+13) \div 5 = 11$$
$$\downarrow$$
셋째 수

이 규칙은 2씩, 3씩 등으로 뛰어 센 수에서도 적용된다.

$$(10+13+16+19+22) \div 5 = 16$$
$$\downarrow$$
셋째 수

연속된 수가 3, 5, 7개 등 홀수 개인 경우에는 합을 개수로 나누면 몫은 가운데에 있는 수를 나타낸다.

② 네 수 연속

연속된 네 수의 합을 4로 나누면 몫은 어떤 수를 나타내는지 알아보자. 중학교 수준에서 수를 나타내면 간단하고 쉽게 이해할 수 있지만 초등학교 수준에서는 여러 가지 예를 통하여 원리를 찾을 수 있다.

$(3+4+5+6) \div 4 = $ ④ 나머지 2 $(10+11+12+13) \div 4 = $ ⑪ 나머지 2
                  ↓   ↓
                둘째 수   둘째 수

$(57+58+59+60) \div 4 = $ ㊿ 나머지 2 $(311+314+315+316) \div 4 = $ ③⑭ 나머지 2
                    ↓   ↓
                  둘째 수   둘째 수

위의 예에서 알 수 있듯이 연속된 네 수의 합을 4로 나누면 몫은 둘째 수를 나타낸다. 둘째 수를 알면 나머지 수들은 쉽게 알 수 있다.

2. 세로로 연속된 수

수 배열표에서 세로로 연속된 수를 알아맞히려면 주기를 먼저 알고 있어야 한다. 주기란 되돌아오는 때를 가리키는데 달력의 주기는 7이다. 즉, 월요일에서 다음 월요일이 되려면 7일이 걸린다.

다음은 주기가 10인 수 배열표의 일부이다. 이 배열표에서 연속된 수에 대한 규칙을 찾아보자.

```
 4   5   6   7   8   9  10
14  15  16  17  18  19  20
24  25  26  27  28  29  30
34  35  36  37  38  39  40
44  45  46  47  48  49  50
```

CHAPTER 03 마술에 녹은 달력

① 다섯 수 연속

연속된 수가 홀수 개인 경우에는 알아맞히기 쉽다. 연속된 세 수의 합을 3으로 나누면 몫은 가운데 수를 나타낸다.

예를 들어, 16, 26, 36을 선택하였다면 합은 78이고, 이를 3으로 나누면 몫은 26이다. 따라서 26은 가운데 수를 나타내므로 맨 위의 수는 주기가 10이므로 26 - 10 = 16이고, 맨 아래의 수는 26 + 10 = 26이다.

마찬가지로 5개의 연속된 수에서도 같은 원리가 적용된다.

예를 들어, 9, 19, 29, 39, 49를 선택하였다면 합은 145이고, 이를 5로 나누면 몫은 29이다. 29는 가운데의 수를 나타내므로 바로 위의 수는 29 - 10 = 19, 맨 위의 수를 29 - 10 - 10 = 9, 바로 아래의 수는 29 + 10 = 39, 맨 아래의 수는 29 + 10 + 10 = 49이다.

② 네 수 연속

연속된 네 수인 경우에는 절차가 좀 더 복잡하다. 주기가 10인 수 배열표에서 15, 25, 35, 45를 선택하였다면 합은 120이고, 이를 4로 나누면 몫은 30이다. 몫에서 주기의 $\frac{1}{2}$인 5를 빼면 25이다. 25는 둘째 수이고, 맨 위의 수는 25 - 10 = 15, 바로 아래의 수는 25 + 10 = 35, 맨 아래의 수는 25 + 10 + 10 = 45이다.

$$(15+25+35+45) \div 4 = 30$$
$$30 - 0.5 \times 10 = 25$$

↓ ↓
주기의 반 둘째 수

15
25
35
45

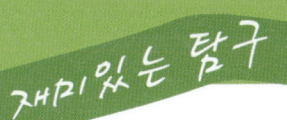

다음과 같은 수 배열표에서 마음대로 세로로 연속된 네 수를 선택하게 하고, 합이 158이었다면 어떤 수들인지 알아맞혀보다.

```
 5   6   7   8
18  19  20  18
31  32  33  28
44  45  46  38
57  58  59  48
```

수 배열표를 보고 주기가 13임을 먼저 알아두어야 한다. 합이 158이므로 이를 4로 나누면 몫은 39이고 나머지는 2이다. 몫에서 주기의 반인 6을 빼면 33이므로 둘째수는 33이다. 맨 위의 수는 33 − 13=20, 바로 아래의 수는 33 + 13=46, 맨 아래의 수는 33 + 13 + 13=59이다.

$$158 \div 4 = 39 \text{ 나머지 } 2$$
$$39 - 0.5 \times 13 = 33$$

　　↓　　　　↓
　6.5 → 6　 둘째 수

03 정사각형 안의 수 알아맞히기

달력에서 가로 2일, 세로 2일인 정사각형 안에 있는 수들의 합을 알려주면 며칠인지 알아맞히는 마술입니다.

마술

▶ (달력을 제시하며 눈을 가린다) 여러분이 마음대로 가로 2일, 세로 2일인 정사각형의 수를 선택하고 표시하세요. 며칠인지를 알아맞히겠습니다.

일	월	화	수	목	금	토
			1	2	3	4	5
6	7	8	9	10	11	12
13	14	15	16	17	18	19
20	21	22	23	24	25	26
27	28	29				

▶ 세 수의 합이 얼마인지 말해주세요.

활동의 예

▶ 달력에 8, 9, 15, 16일을 표시한다.

일	월	화	수	목	금	토
			1	2	3	4	5
6	7	8	9	10	11	12
13	14	15	16	17	18	19
20	21	22	23	24	25	26
27	28	29				

▶ 48

➡ 8일, 9일, 15일, 16일입니다.

알게 된 사실

한 걸음 더

다음 달력을 사용하여 마술을 만들어 보세요.

일	월	화	수	목	금	토
1	2	3	4	5	6	7
8	9	10	11	12	13	14
15	16	17	18	19	20	21
22	23	24	25	26	27	28
29	30	31				

04 직사각형 안의 수 알아맞히기

달력에서 가로 3일 세로 2일인 직사각형 안에 있는 수들의 합을 알려주면 며칠인지 알아맞히는 마술입니다.

마술

▶ (달력을 제시하며 눈을 가린다) 여러분이 마음대로 가로 3일, 세로 2일인 직사각형의 수를 선택하고 표시하세요. 며칠인지를 알아맞히겠습니다.

일	월	화	수	목	금	토
1	2	3	4	5	6	7
8	9	10	11	12	13	14
15	16	17	18	19	20	21
22	23	24	25	26	27	28
29	30					

▶ 6개 수의 합을 말해주세요.

활동의 예

▶ 달력에 10, 11, 12, 17, 18, 19일을 표시한다.

일	월	화	수	목	금	토
1	2	3	4	5	6	7
8	9	10	11	12	13	14
15	16	17	18	19	20	21
22	23	24	25	26	27	28
29	30					

▶ 87

⇢ 10일, 11일, 12일, 17일, 18일, 19일입니다.

알게된 사실

한 걸음 더

다음 달력을 사용하여 마술을 만들어 보세요.

일	월	화	수	목	금	토
						1
2	3	4	5	6	7	8
9	10	11	12	13	14	15
16	17	18	19	20	21	22
23	24	25	26	27	28	29

수 배열표에서 규칙 2

수 배열표에서 정사각형 또는 직사각형 모양으로 수를 묶었을 때 합을 알면 며칠인지 알아맞히는 규칙을 찾아보자. 여기에서는 주기가 7인 달력인 경우에 대해서만 알아보겠다.

1. 3 × 3 정사각형의 수

달력에서 3 × 3인 정사각형 모양의 수가 다음과 같다고 하자.

```
 6   7   8
13  14  15
20  21  22
```

정사각형의 대각선과 만나는 수 즉, 정사각형의 가운데에 있는 14를 중심으로 다른 수들을 비교하여 나타내면 다음과 같다.

```
 6   7   8         14-8  14-7  14-6
13  14  15    ⇒    14-1   14   14+1
20  21  22         14+6  14+7  14+8
```

정사각형 안에 있는 수 9개를 모두 더하면 14 × 9이다. 이것을 중학교 수준으로 표현하면 다음과 같다.

$$\begin{bmatrix} A-8 & A-7 & A-6 \\ A-1 & A & A+1 \\ A+6 & A+7 & A+8 \end{bmatrix}$$

$$(A-8)+(A-7)+(A-6)+(A-1)+A+(A+1)+(A+6)+(A+7)+(A+8)$$
$$= A \times 9$$

따라서 정사각형 안에 있는 수 9개의 합을 9로 나누면 몫이 가운데에 있는 수를 나타낸다는 것을 알 수 있다. 예를 들어, 9개 수의 합이 126이라고 하면 126 ÷ 9 = 14이므로 14는 가운데에 있는 수이다. 첫째 수는 6, 둘째 수는 7, 셋째 수는 8, …, 아홉째 수는 22임을 알아맞힐 수 있다.

⇒ 합 126   126÷9=14 ⇒ 14

재미있는 탐구

또, 이 원리를 확장하여 5 × 5인 정사각형에 적용하면 25개 수의 합을 25로 나누면 가운데에 있는 수를 구할 수 있다. 4 × 4와 같이 짝수인 경우에는 위와 같은 원리가 그대로 적용되지 않는다. 4 × 4 정사각형인 경우에는 합에서 192를 빼고 16으로 나누면 첫째 수를 구할 수 있다.

2. 2 × 3인 직사각형의 수

달력에서 가로가 2, 세로가 3인 직사각형의 안에 있는 수가 다음과 같다고 하자.

$$\begin{array}{cc} 7 & 8 \\ 14 & 15 \\ 21 & 22 \end{array}$$

가장 작은 수 즉, 첫째 수를 기준으로 하여 다른 수들을 비교하면 7, 7 + 1, 7 + 7, 7 + 8, 7 + 14, 7 + 15로 나타낼 수 있다.

$$\begin{array}{cc} 7 & 8 \\ 14 & 15 \\ 21 & 22 \end{array} \Rightarrow \begin{array}{cc} 7 & 7+1 \\ 7+7 & 7+8 \\ 7+14 & 7+15 \end{array}$$

이 수들을 모두 더하면 7 × 6 + 45이다. 첫째 수를 구하려면 합에서 45를 빼고, 6으로 나눈다. 이를 중학교 수준으로 나타내면 다음과 같다.

$$\begin{array}{cc} A & A+1 \\ A+7 & A+8 \\ A+14 & A+15 \end{array} \quad \begin{aligned} & A+(A+1)+(A+7)+(A+8)+(A+14)+(A+15) \\ & = A \times 6 + 45 \end{aligned}$$

2 × 3인 직사각형 안에 있는 수들의 합이 123이라면 123에서 45를 빼고, 6으로 나누면 첫째 수를 구할 수 있다.

합 123 ⇒ 123 − 45 = 78
78 ÷ 6 = 13

달력은 주기가 7이다. 주기가 10인 수 배열표에서는 규칙이 어떻게 변하는지 알아보기 바란다.

CHAPTER 03 마술에 녹은 달력

05 마음대로 선택한 수 알아맞히기

달력에서 각 주에 하루씩 선택하면 그 수들의 합이 얼마인지 알아맞히는 마술입니다.

마술

▶ (달력을 주고, 셋째 수요일이 며칠인지 확인하고 눈을 가린다) 몇 주가 있습니까?

일	월	화	수	목	금	토
					1	2
3	4	5	6	7	8	9
10	11	12	13	14	15	16
17	18	19	20	21	22	23
24	25	26	27	28	29	30

▶ 각 주마다 마음대로 하루를 선택하여 ○표 하세요. 여러분이 선택한 수의 합이 얼마인지 알아맞히겠습니다.

▶ 동그라미 표시한 수는 몇 개입니까?
▶ 표시한 날 중에 일요일은 있습니까? 몇 개입니까?
▶ 월요일은 있습니까? 몇 개입니까?
▶ 화요일은 있습니까? 몇 개입니까? (같은 방법으로 토요일까지 물어본다.)

활동의 예

▶ 5주가 있습니다.

일	월	화	수	목	금	토
					1	②
3	④	5	6	7	8	9
10	11	12	⑬	14	15	16
⑰	18	19	20	21	22	23
㉔	25	26	27	28	29	30

▶ 5개입니다.
▶ 있습니다. 2개입니다.
▶ 1개 입니다.
▶ (토요일까지 대답한다.)

➤ 여러분이 표시한 수들의 합은 60입니다.

알게 된 사실

한 걸음 더

다음 달력을 사용하여 마술을 만들어 보세요.

일	월	화	수	목	금	토
	1	2	3	4	5	6
7	8	9	10	11	12	13
14	15	16	17	18	19	20
21	22	23	24	25	26	27
28	29	30				

06 정사각형 수의 합 알아맞히기

달력에 가로 4일, 세로 4주가 되는 정사각형을 그리고, 각 주에서 마음대로 하루씩 선택하면 그 합이 얼마인지 미리 알아맞히는 마술입니다.

마술

▶ (달력을 제시하고 4 × 4 정사각형을 그리게 한다) 가로 4일, 세로 4일이 되도록 정사각형을 그리세요.

▶ (눈을 가리거나 뒤돌아선다) 여러분이 선택한 수의 합이 얼마인지 미리 적어 놓겠습니다. (56을 종이에 써서 학생이 가지고 있게 한다.)

▶ 정사각형 안에 있는 수 중에서 가장 좋아하는 수를 하나 선택하고 ○ 표시 하세요.

▶ 선택한 수의 세로 줄과 가로 줄에 있는 수들을 모두 지우세요.

활동의 예

▶ 달력에 4 × 4인 정사각형을 그린다.

일	월	화	수	목	금	토
1	2	3	4	5	6	7
8	9	10	11	12	13	14
15	16	17	18	19	20	21
22	23	24	25	26	27	28

▶ 23에 ○표 하고, 23이 있는 가로 줄과 세로 줄에 있는 수를 지운다.

일	월	화	수	목	금	토
1	2	3	4	5	6	7
8	9	10	11	12	13	14
15	16	17	18	19	20	21
22	㉓	~~24~~	~~25~~	~~26~~	27	28

마술

▶ 지우지 않은 수에서 마음대로 한 수를 선택하여 ○표하고, 그 수의 가로와 세로 줄에 있는 수들을 모두 지우세요.

▶ 지우지 않은 수에서 마음대로 한 수를 선택하여 ○표하고, 그 수의 가로와 세로 줄에 있는 수들을 모두 지우세요.

▶ 지우지 않은 수에 ○표시 하세요.

▶ 여러분이 어떤 수를 선택했는지 마술사는 전혀 모릅니다. 이제 ○표한 수들의 합을 적은 종이를 학생이 펼쳐 보이겠습니다.

활동의 예

▶ 지우지 않은 수 중에서 12에 ○표 하고, 12가 있는 가로 줄과 세로 줄에 있는 수를 지운다.

일	월	화	수	목	금	토
1	2	3	4	5	6	7
8	9	10	11	12	13	14
15	16	17	18	19	20	21
22	23	24	25	26	27	28

▶ (지우지 않은 수에서 4를 선택하고, 4가 있는 가로 줄과 세로 줄에 있는 수를 지운다.)

일	월	화	수	목	금	토
1	2	3	4	5	6	7
8	9	10	11	12	13	14
15	16	17	18	19	20	21
22	23	24	25	26	27	28

▶ (남은 수 17에 ○ 표시한다.)

일	월	화	수	목	금	토
1	2	3	4	5	6	7
8	9	10	11	12	13	14
15	16	17	18	19	20	21
22	23	24	25	26	27	28

▶ 답을 적은 종이를 여러 사람에게 펼쳐보인다.

알게 된 사실

한 걸음 더

다음과 같은 정사각형의 수 배열표를 이용하여 마술을 부려 보세요.

1)
```
 5  10  15  20
30  35  40  45
55  60  65  70
80  85  90  95
```

2)
```
 1   3   5   7   9
11  13  15  17  19
21  23  25  27  29
31  33  35  37  39
31  33  35  37  39
```

MEMO

07 자유자재 마방진

마방진은 중국에서 유래되었는데 가로와 세로, 대각선에 있는 수들의 합이 모두 같도록 수를 배열해놓은 것입니다. 마방진을 손쉽게 만들 수 있는 마술입니다.

마술

▶ 15부터 23까지 수를 한 번씩만 사용하여 가로, 세로, 대각선에 있는 수들의 합이 같도록 □ 안에 수를 넣으시오.

	15	

▶ 10부터 26까지 짝수를 한 번씩만 사용하여 가로, 세로, 대각선에 있는 수들의 합이 같도록 □ 안에 수를 넣으시오.

	10	

▶ 1부터 24까지 수를 한 번씩만 사용하여 가로, 세로, 대각선에 있는 수들의 합이 같도록 □ 안에 수를 넣으시오.

		1	

알게된 사실

한 걸음 더

1부터 16까지 수를 한 번씩만 사용하여 가로, 세로, 대각선에 있는 수들의 합이 같도록 □ 안에 수를 넣으시오.

마방진

약 3천 여 년 전, 중국 하나라의 우왕 시대에 강에서 올라온 거북이 등에 점이 1개부터 9개까지 찍혀 있었는데 이것으로 농사의 풍년과 흉년을 점쳤다고 전해지고 있다. 거북이 등에 찍힌 점을 정사각형 모양으로 나타낸 것이 마방진이다. 방진이란 정사각형 모양을 가리키고, 마(마술)는 신기하다는 뜻이다. 마방진은 자연수(또는 정수)를 가로 줄, 세로 줄, 대각선에 있는 수들의 합이 모두 같도록 정사각형으로 배열된 수를 말한다.

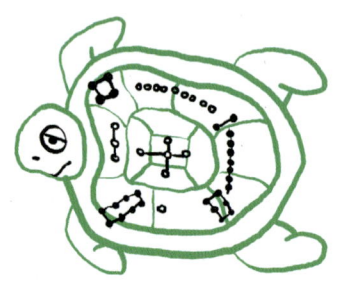

8	3	4
1	5	9
6	7	2

중국 송나라(1275년)의 양휘산법(揚輝算法)에 처음으로 소개되었으며, 8 × 8 마방진까지 설명하고 있다. 명나라(1593년)의 산법통종(算法統宗)에는 10 × 10 마방진까지 소개되었다.

우리나라에서는 조선 숙종(1710년경) 때, 수학자 최석정의 구수략(九數略)에 9 × 9 마방진이 실려 있는데 전체의 가로, 세로, 대각선의 합이 같을 뿐만 아니라 그 안에 3 × 3인 마방진도 가로, 세로, 대각선의 합이 같은 재미있는 마방진이다. 또, 육각형의 마방진도 있다.

중국의 마방진은 15세기 비잔틴의 작가 모소플루스에 의해서 서양에 처음 소개되었으나 마방진을 만드는 방법은 동양보다 서양에서 먼저 발견되었으며, 뒤러의 동판화 멜랑콜리아(1514년)에 기록되어 있다.

16세기에 이르러 독일, 프랑스 등에서 마방진에 대한 연구가 시작되어 페르마, 오일러 등의 유명한 수학자들도 마방진에 대하여 연구하였다. 지금도 마방진에 대하여 연구하는 수학자가 많이 있다.

여러 가지 방법으로 마방진을 만들 수 있지만 여기에서는 아주 간단한 방법을 소개한다. 홀수 마방진(3 × 3, 5 × 5 등)을 만드는 방법과 짝수 마방진(4 × 4, 6 × 6 등)을 만드는 방법이 다르다. 먼저 홀수 마방진을 만드는 방법부터 알아본다.

1. 홀수의 마방진

3 × 3, 5 × 5, 7 × 7, … 등 홀수 마방진을 만드는 규칙은 다음과 같다.

- 규칙 1. 첫 수는 맨 윗줄 가운데에 쓴다.
- 규칙 2. 다음 수는 앞 수의 오른쪽 1칸, 위로 1칸에 쓴다. 단, 칸이 없을 때에는 가상적으로 만들어 쓴 다음, 반대 방향 맨 아래(위, 아래, 오른쪽, 왼쪽)의 칸으로 옮겨 쓴다.
- 규칙 3. 오른쪽 1칸, 위로 1칸에 이미 다른 수가 있을 때는 바로 아래 칸에 쓴다.
- 규칙 4. 오른쪽 1칸, 위로 1칸이 대각선에 있을 경우에는 바로 아래 칸에 쓴다.

위의 규칙에 따라 3 × 3 마방진을 만들어 보자.

1) 1은 맨 윗줄 가운데 쓴다.
2) 2는 1의 오른쪽 1칸, 위로 1칸에 써야 하는데 칸이 없으므로 그곳에 가상적으로 칸이 있다고 생각하고 쓴 다음에, 2를 반대 방향 맨 아래 칸에 쓴다.

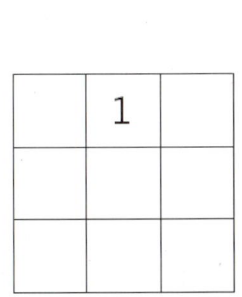 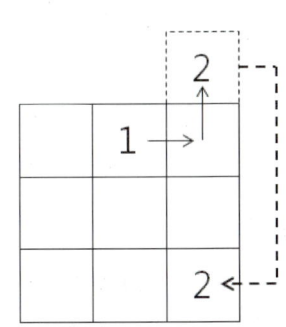 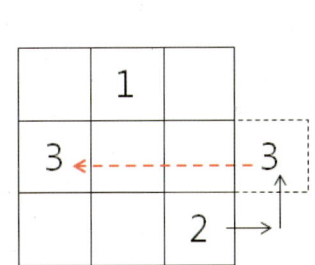

3) 3은 2의 오른쪽 1칸, 위로 1칸에 써야 하는데 칸이 없으므로 그곳에 가상적으로 칸이 있다고 생각하고 쓴 다음에, 3을 반대 방향 맨 왼쪽 칸에 쓴다.
4) 4는 3의 오른쪽 1칸, 위로 1칸에 써야 하는데 이미 1이 있으므로 규칙 3에 의하여 바로 아래 칸에 쓴다.
5) 5, 6은 규칙 2에 따라 오른쪽 1칸, 위로 1칸에 쓴다.
6) 7은 오른쪽 1칸, 위로 1칸에 써야 하는데 칸이 없고, 가상적인 칸이 대각선에 있으므로 규칙 4에 의하여 바로 아래 칸에 쓴다.

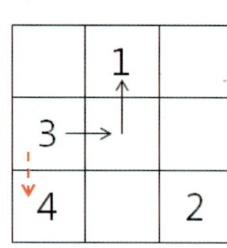

7) 8은 오른쪽 1칸, 위로 1칸에 써야 하는데 칸이 없으므로 가상적인 칸이 있다고 생각하고 쓴 다음에, 8을 반대 방향 맨 왼쪽에 쓴다. 같은 방법으로 9를 쓴다.

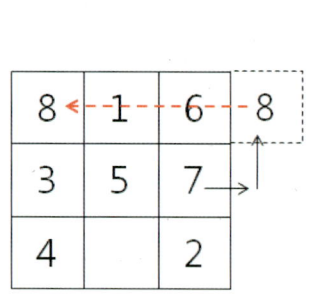

기본 마방진

위와 같이 만들어진 마방진이 가장 기본적인 형태이고, 이를 행과 열을 좌우, 상하로 바꾸거나 뒤집거나 돌리면 다른 형태의 마방진을 만들 수 있다. 단, 가운데 있는 수 5는 움직이지 않아야 한다.

8	1	6
3	5	7
4	9	2

⇒

4	9	2
3	5	7
8	1	6

⇒

2	9	4
7	5	3
6	1	8

⇒

6	7	2
1	5	9
8	3	4

2. 짝수 마방진

4 × 4, 6 × 6, 8 × 8, … 등 짝수 마방진을 만드는 방법은 홀수와 완전히 다르다. 또, 4 × 4, 8 × 8과 같이 4의 배수가 되는 마방진을 만드는 방법은 비슷하지만 6 × 6인 마방진을 만드는 방법은 아주 독특하다.

재미있는 탐구

짝수 마방진을 만드는 규칙은 다음과 같다.

◉ 규칙 1. 정사각형에 대각선을 긋고, 대각선이 있는 칸에는 수를 쓰지 않고 건너뛰어 다음 수를 쓴다.

◉ 규칙 2. 대각선이 있는 곳에서는 거꾸로 세어서 쓴다. 수가 있는 칸에서는 건너뛰고 쓴다.

규칙에 따라 4 × 4 마방진을 만들어 보자.

1) 4 × 4 정사각형에 대각선을 긋는다.

2) 첫째 수를 맨 윗줄부터 쓰기 시작하는데 대각선이 있는 곳에서는 수를 쓰지 않고 건너뛰어 쓴다. 1을 쓸 칸에 대각선이 있으므로 1은 건너뛴다. 2를 쓰고, 3을 쓴다. 4를 쓸 칸에 대각선이 있으므로 4는 건너뛴다. 같은 방법으로 마지막 칸까지 수를 쓴다. 16을 써야 하는데 그곳에 대각선이 있으므로 쓰지 않는다.

3) 이번에는 대각선이 있는 칸에 수를 쓰는데 거꾸로 세어서 쓴다. 즉, 4 × 4인 마방진에서 마지막 수는 16이므로 맨 윗줄 왼쪽 칸에 16을 쓴다. 15를 쓸 칸에 수가 있으므로 건너뛰고, 14를 쓸 칸에도 수가 있으므로 건너뛰고, 대각선이 있는 곳에 13을 쓴다. 12는 건너뛰고, 11과 10을 쓴다.

CHAPTER 03 마술에 녹은 달력

4) 9를 쓸 곳에 수가 있으므로 건너뛰고, 8을 쓸 칸에도 수가 있으므로 건너뛰고, 대각선이 있는 칸에 7, 6을 쓴다. 같은 방법으로 마지막 칸까지 수를 쓴다. 완성된 4 × 4 마방진에서 가로, 세로, 대각선에 있는 수들의 합은 모두 34임을 확인 할 수 있다.

짝수 마방진에서는 재미있는 특징을 발견할 수 있다. 가운데에 있는 수 4개의 합도 34이고(11 + 10 + 7 + 6), 정사각형의 꼭짓점에 있는 수 4개의 합도 34이다(16 + 13 + 4 + 1). 또, 두 대각선에 있지 않은 4개의 합도 34이다(5 + 9 + 8 + 12, 2 + 3 + 14 + 15). 결국 1부터 16까지의 합은 34 × 4=136이다.

3. 6 × 6 마방진

같은 짝수 마방진이지만 그 규칙이 적용되지 않고 복잡하고 독특한 절차에 의하여 만들 수 있다.

6 × 6 마방진을 만드는 절차는 다음과 같다.

◉ 규칙 1. 6 × 6인 정사각형을 3 × 3인 정사각형 4개로 분할한다.

◉ 규칙 2. 3 × 3 마방진을 1→ 4→ 2→ 3의 순서로 완성한다.

◉ 규칙 3. 8, 5, 4와 35, 32, 31을 서로 교환한다.

이 절차에 따라 6 × 6 마방진을 만들어 보자.

1) 6 × 6인 정사각형을 3 × 3인 정사각형 4개로 분할한다.

2) 1번 3 × 3 마방진을 홀수 마방진 규칙에 따라 완성한다.

3) 4번 마방진을 같은 방법으로 완성한다. 1번 마방진이 9에서 끝났으므로 4번 마방진은 10부터 시작한다.

재미있는 탐구

4) 2번 마방진을 완성한다. 4번 마방진이 18에서 끝났으므로 2번 마방진은 19부터 시작한다.

5) 3번 마방진은 28부터 시작하고 완성한다.

	8	1	6	26	19	24	
1	3	5	7	21	23	25	2
	4	9	2	22	27	20	
	35	28	33	17	10	15	
3	30	32	34	12	14	16	4
	31	36	29	13	18	11	

⇒

	8	1	6	26	19	24	
1	3	5	7	21	23	25	2
	4	9	2	22	27	20	
				17	10	15	
3				12	14	16	4
				13	18	11	

5) 마지막으로 8, 5, 4를 35, 32, 31로 각각 교환한다. 8↔35, 5↔32, 4↔31

8	1	6	26	19	24
3	5	7	21	23	25
4	9	2	22	27	20
35	28	33	17	10	15
30	32	34	12	14	16
31	36	29	13	18	11

⇒

35	1	6	26	19	24
3	32	7	21	23	25
31	9	2	22	27	20
8	28	33	17	10	15
30	5	34	12	14	16
4	36	29	13	18	11

1~36까지의 합은 666이므로 각 행, 열의 합은 111이다. 물론 대각선의 합도 111이다.

완성된 6 × 6 마방진의 특징을 찾아보자.

1) 짧은 대각선에 있는 수의 합은 111이다.
   (35, 32, 2, 33, 5, 4), (24, 23, 22, 17, 14, 11)

2) 1번 3 × 3 마방진 각 행의 합은 42로 4번 3 × 3 마방진의 것과 같다.
   (35, 1, 6), (3, 32, 7), (17, 10, 15), (12, 14, 16) 등

3) 2번 3 × 3 마방진 각 행의 합은 69로 3번 3 × 3 마방진의 것과 같다.
   (26, 14, 24), (21, 23, 25), (8, 28, 33), (4, 36, 29) 등

08 생년월일 마방진

자신의 생년월일이나 좋아하는 수, 의미 있는 수 등을 이용하여 마방진을 만드는 마술입니다.

마술

활동의 예

▶ 자신의 생년월일을 마방진의 제목으로 쓰시오. 생년은 계산을 쉽게 하기 위하여 십의 자리와 일의 자리만 씁니다.

▶ 자신의 생년월일: 2008년 10월 28일

8-10-28

▶ 수를 쓰는 곳과 순서는 다음 표와 같습니다.

수를 쓰는 곳과 순서

8	1	7
5	6	3
2	9	4

▶ 생년을 1에 씁니다.

▶ 생년의 8을 1의 곳에 쓴다.

	8	

8-10-28

▶ 생년에 생월을 더하여 결과를 2의 곳에 쓰세요.

▶ 생년 8 + 생월 10 = 18이므로 18을 2의 곳에 쓴다.

	8	
18		

8-10-28

▶ 2의 결과에 생월을 더하여 3의 곳에 쓰세요.

▶ 2의 결과 18 + 생월 10 = 28이므로 28을 3의 곳에 쓴다.

	8	
		28
18		

8-10-28

▶ 생년에서 생일을 더하여 결과를 4의 곳에 쓰세요.

▶ 생년 8 + 생일 28=36이므로 36을 4의 곳에 쓴다.

8-10-28		
	8	
		28
18		36

▶ 4의 결과에 생일을 더하여 5의 곳에 쓰세요.

▶ 4의 결과 36 + 생일 28= 64이므로 64를 5의 곳에 쓴다.

8-10-28		
	8	
64		28
18		36

▶ 생년, 생월, 생일을 모두 더하여 6의 곳에 쓰세요.

▶ 생년 8 + 생월 10 + 생일 28=46이므로 46을 6의 곳에 쓴다.

8-10-28		
	8	
64	46	28
18		36

▶ 6의 결과에 생일을 더하여 7의 곳에 쓰세요.

▶ 6의 결과 46 + 생일 28= 74이므로 74를 7의 곳에 쓴다.

8-10-28		
	8	74
64	46	28
18		36

▶ 3의 결과에 생일을 더하여 8의 곳에 쓰세요.

▶ 3의 결과 28 + 생일 28= 56이므로 56을 8의 곳에 쓴다.

8-10-28		
56	8	74
64	46	28
18		36

▶ 8의 결과에 생일을 더하여 9의 곳에 쓰세요.

▶ 마방진이 완성되었는지 확인하여 보세요.

▶ 8의 결과 56 + 생일 28= 84이므로 84를 9의 곳에 쓴다.

8-10-28		
56	8	74
64	46	28
18	84	36

▶ 가로, 세로, 대각선의 합이 모두 138이므로 마방진이 완성되었다.

알게된 사실

한 걸음 더

1. 생월은 더하기로, 생일은 빼기를 선택하여 마방진을 완성하여 보세요.

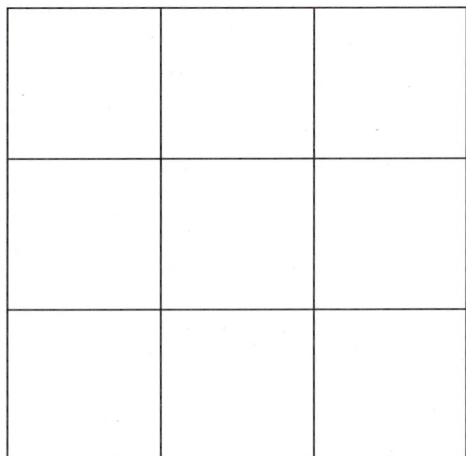

2. 마음대로 수 3개를 선택하여 마방진을 완성하여 보세요.

MEMO

CHAPTER 04

이런저런 수학 마술

01 보이지 않는 주사위 눈 알아맞히기

주사위를 한 줄로 높게 쌓으면 바닥이나 겹쳐서 보이지 않은 면에 있는 주사위 눈이 모두 몇 개있는지 알아맞히는 마술입니다.

마술

- 주사위끼리 맞닿은 면은 볼 수 없어서 주사위 눈이 몇 개인지 알 수 없습니다. 여러분이 마음대로 주사위를 한 줄로 쌓아 놓으면 보이지 않는 주사위의 눈이 모두 몇 개인지 알아맞히겠습니다.

- (뒤돌아 서 있는 상태에서 학생에게 주사위 5개를 한 줄로 쌓게 한다.)

- (한 줄로 쌓았다고 하면 뒤돌아서서 주사위 눈의 수를 말한다.)

활동의 예

- 주사위 5개를 한 줄로 쌓는다.

> 보이지 않은 주사위 눈의 개수는 모두 30개입니다.

한 걸음 더

주사위 3개 또는 4개를 이용하여 마술을 부려보세요.

알게된 사실

 주사위 눈의 합 알아맞히기

주사위 2개를 던지고 그 중 한 주사위를 한 번 더 던지면 윗면에 있는 주사위 눈이 모두 몇 개인지 알아맞히는 마술입니다.

마술

▶ (주사위를 볼 수 없도록 뒤돌아서거나 눈을 가린다.) 주사위 2개를 던지세요.

▶ 윗면에 있는 두 수를 더하세요.

▶ 주사위 2개 중 하나를 마음대로 선택하세요.

▶ 선택한 주사위의 마주보는 면의 수를 더하세요.

▶ 선택한 주사위를 한 번 더 던져서 윗면의 수를 더하세요.

▶ (주사위를 보면서) 합이 얼마인지 알아맞히겠습니다.

활동의 예

▶ (주사위 2개를 던져 3, 5가 나왔다.)

▶ 3 + 5=8

▶ (3의 주사위를 선택한다.)

▶ (3의 마주보는 면은 4이므로)
8 + 4=12

▶ (3의 주사위를 다시 던져 2가 나왔다)
12 + 2=14

▷ 합은 14입니다.

알게 된 사실

한 걸음 더

주사위 3개를 던져 합을 알아맞히는 마술을 부려보세요.

03 주사위 눈의 순서 알아맞히기

주사위 3개를 던지면 어떤 수가 나왔는지 차례로 알아맞히는 마술입니다.

마술

▶ 주사위 3개를 던지고, 차례대로 놓아주세요.

▶ 왼쪽부터 첫째, 둘째, 셋째 주사위라고 하겠습니다. 첫째 주사위에 2를 곱하고 5를 더한 다음, 5를 곱하세요.

▶ 결과를 둘째 수에 더하고 10을 곱하세요.

▶ 결과를 셋째 수에 더하세요.

▶ 얼마입니까?

활동의 예

▶ (주사위 3개를 던져 4, 3, 6이 나왔다)

▶ 4 × 2=8, 8 + 5=13, 13 × 5=65

▶ 65 + 3=68, 68 × 10=680

▶ 680 + 6=686

▶ 686

⋯▶ 첫째 주사위는 4, 둘째 주사위는 3, 셋째 주사위는 6입니다.

알게 된 사실

한 걸음 더

1. 1부터 9까지의 숫자 카드에서 3장 뽑아 카드 숫자를 알아맞히는 마술을 부려보세요.

2. 주사위 2개를 던져서 나온 수를 알아맞히는 마술을 만드세요.

CHAPTER 04 이런저런 수학 마술

04 주사위 비밀

색이 다른 주사위 2개를 던져 나온 수들을 계산하면 답이 얼마인지 미리 알아맞히는 마술입니다.

마술

▶ 답을 미리 적어 놓겠습니다. (답 49를 적은 종이를 감추어둔다.)

▶ 주사위 2개(A, B)를 던지세요.

▶ 주사위 2개를 던져 맨 위에 나온 수끼리 곱하세요.

▶ 밑면에 있는 수끼리 곱하세요.

▶ 주사위 A의 윗면에 있는 수와 주사위 B의 밑면에 있는 수를 곱하세요.

▶ 주사위 A의 밑면에 있는 수와 주사위 B의 윗면에 있는 수를 곱하세요.

▶ 계산한 결과를 모두 더하세요.

활동의 예

▶ 색이 다른 주사위 2개를 던져 6, 4가 나왔다.

▶ 6 × 4 = 24

▶ 1 × 3 = 3

▶ 6 × 3 = 18

▶ 1 × 4 = 4

▶ 24 + 3 + 18 + 4 = 49

▶ 답을 적은 종이를 펼쳐 보인다.

알게된 사실

한 걸음 더

주사위 마술을 다시 한번 해보세요.

 동전 분류하기

앞면이 위로 하도록 동전을 한 줄로 늘어놓고, 마음대로 뒤집게 한 다음, 동전을 같은 두 묶음으로 묶는 마술입니다.

마술

▶ (뒤돌아서거나 눈을 가린다) 동전 8개를 앞면이 위로 향하게 하여 한 줄로 늘어놓으시오.

앞면   뒷면

▶ 마음대로 4개를 뒤집으세요.

▶ 이번에는 짝수 순서에 있는 동전을 반대로 뒤집으세요.

▶ 동전을 두 묶음이 서로 같도록 묶겠습니다.

> 홀수 순서에 있는 것끼리 묶으면 짝수 순서에 있는 것과 같은 묶음이 된다.

활동의 예

▶ (동전 8개를 앞면이 위로 향하게 한 줄로 늘어놓는다)

○오백원 ○오백원 ○오백원 ○오백원 ○오백원 ○오백원 ○오백원 ○오백원

▶ (마음대로 4개를 뒤집는다)

○오백원 ○500 한국은행 ○500 한국은행 ○500 한국은행 ○500 한국은행 ○오백원 ○오백원 ○오백원

▶ (짝수 순서에 있는 동전을 앞면은 뒷면으로, 뒷면은 앞면으로 뒤집는다)

○오백원 ○오백원 ○500 한국은행 ○오백원 ○500 한국은행 ○500 한국은행 ○오백원 ○500 한국은행

알게된 사실

한 걸음 더

1. 동전 12개로 뒤집기 마술을 부려보세요.

2. 동전 10개로 뒤집기 마술을 할 수 있는지 알아보세요.

MEMO

06 숫자 카드 뒤집기

앞, 뒤에 숫자가 적혀있는 수 카드를 마음대로 뒤집어 놓으면 수의 합이 얼마인지 알아 맞히는 마술입니다.

마 술

▶ 숫자 카드 4장이 있습니다. 앞면에는 1, 3, 5, 7, 뒷면에는 2, 4, 6, 8이 적혀 있습니다. 지금 보이는 홀수의 합은 16 입니다.

뒷면 2   4   6   8
| 1 | 3 | 5 | 7 |

▶ (눈을 가리거나 뒤돌아선다) 여러분이 마음대로 숫자 카드 1장을 골라 뒤집으면 합이 얼마인지 알아맞히겠습니다.

··▶ 합은 17입니다.

▶ 이번에는 카드를 섞어서 마음대로 놓아보세요. 합이 얼마인지 알아맞히겠습니다.

▶ 합을 구하는데 홀수 때문에 매우 어렵습니다. 홀수는 몇 개인가요?

··▶ 합은 18입니다.

활동의 예

▶ 7을 선택하고 뒤집는다.

▶ 숫자카드를 다시 섞어 놓는다.

| 2 | 3 | 6 | 7 |

▶ 2개입니다.

알게 된 사실

한 걸음 더

앞면에 5, 10, 15, 20, 뒷면에 2, 7, 12, 11이 적힌 숫자 카드를 이용하여 마술을 부려보세요.

| 5 | 10 | 15 | 20 | 앞면 |
| 2 | 7 | 12 | 11 | 뒷면 |

07 도미노 알아맞히기

도미노 한 세트에서 마음대로 도미노 1개를 꺼내면 어떤 도미노인지 알아맞히는 마술입니다.

마술

활동의 예

▶ 마음대로 도미노 1개를 꺼내세요. 어떤 도미노인지 알아맞히겠습니다.

▶ 도미노 1개를 꺼낸다.

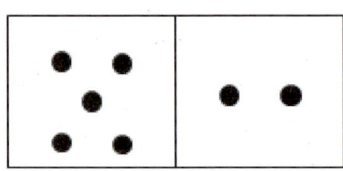

▶ 어느 한 수에 5를 곱하세요.

▶ 2 × 5 = 10

▶ 6을 더하세요.

▶ 10 + 6 = 16

▶ 2를 곱하세요.

▶ 16 × 2 = 32

▶ 남은 한 수를 더하세요.

▶ 32 + 5 = 37

▶ 얼마인가요?

▶ 37입니다.

▶ 선택한 도미노는 2와 5입니다.

알게된 사실

한 걸음 더

다른 도미노를 꺼내어 마술을 부려보세요.

08 바둑돌 수 알아맞히기

바둑돌을 마음대로 놓은 다음, 마술사의 지시에 따라 바둑돌을 옮기면 마지막에 남은 바둑돌이 몇 개인지 알아맞히는 마술입니다.

마술

▶ (눈을 가리고) 바둑돌을 마음대로 바둑돌의 수가 같은 3묶음으로 놓으세요.
▶ 왼쪽에 있는 것부터 차례로 A, B, C라고 하겠습니다. A와 C에서 3개를 빼서 B에 놓으세요.

▶ A에 남은 바둑돌은 필요 없으니 상자에 넣으세요. C에 몇 개 남았습니까?

▶ 그만큼 B에서 빼세요. 이제 뺀 것과 C의 바둑돌도 필요 없으니 상자에 넣으세요.

▶ B에 남아있는 바둑돌이 몇 개인지 알아맞히려면 도움이 필요합니다. 바둑돌을 마술사에게 주고 싶은 것만큼 주세요.
▶ 자, 이제 B에 있던 바둑돌이 몇 개인지 알아맞혀 보겠습니다.

> B에 남아있는 바둑돌은 4개입니다.

활동의 예

- 11개씩 3묶음을 만들어 놓는다.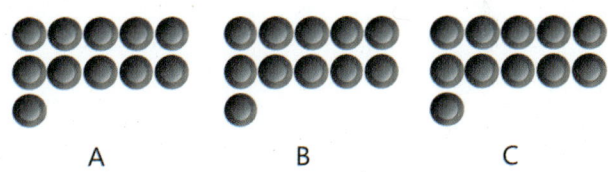

- A와 C에서 3개를 빼서 B에 놓고, A를 상자에 넣는다.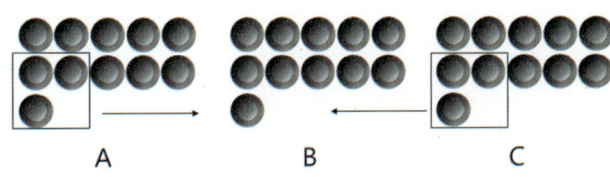

- C에 8개 남았습니다.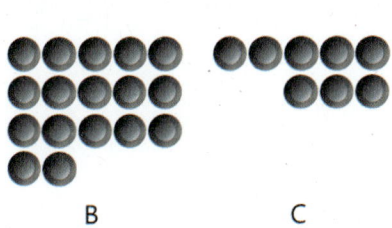

- B에서 8개를 빼고, B만 남기고 모두 상자에 넣는다.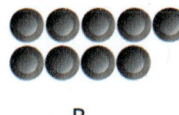

- B에서 바둑돌 5개를 마술사에게 준다.

알게된 사실

한 걸음 더

처음에 A와 C에서 4개를 빼어 B에 놓는 마술을 만들어 보세요.

해설

CHAPTER 01

01 생각한 수 알아맞히기

생각한 수에 90을 더하고, 백의 자리 숫자를 지우고 1을 더했다는 것은 원래의 수에 91을 더하고 100을 뺀 것이므로 원래의 수를 알아맞히려면 계산 결과에서 9을 더해주면 된다. 백의 자리 숫자를 지우라고 한 것은 100을 뺐다는 것을 의미한다.

이 마술에서 백의 자리 숫자를 지워야 하므로 생각한 수에 행운의 수를 더했을 때 세 자리 수가 되어야 한다. 예를 들어, 행운의 수를 80이라고 하면 처음에 생각한 두 자리 수가 10이었다면 80을 더해도 세 자리 수가 되지 않아 백의 자리 숫자를 지울 수 없다. 행운의 수를 80으로 하려면 처음에 생각할 수는 20보다 큰 수라야 한다. 또 행운의 수를 70으로 하려면 처음에 생각할 수는 30보다 커야 한다.

행운의 수를 95라고 하면 생각한 수에 행운의 수 95를 더하고, 백의 자리 숫자 지우고, 1을 더하면 마지막 계산 결과에 4를 더하면 처음에 생각한 수가 나온다.

세 자리 수를 알아맞히는 마술로 발전시키려면 행운의 수를 900으로 하고, 천의 자리 숫자를 지우게 하면 될 것이다.

이 마술을 여러 번 반복하면 두 자리 수 암산 능력, 세 자리 수 계산 능력을 발달 시킬 수 있다.

02 답을 미리 알아맞히기

어떤 수를 선택하여 계산하더라도 답이 항상 일정하게 나오는 마술인데 거꾸로 풀기를 이용한 것이다. 즉, 2를 곱한 다음, 2로 나누면 원래의 수가 되는 것이다.

처음에 생각한 수를 □라고 하면,

$$2배 \quad \dashrightarrow \quad 2\times\square$$

$$8더하기 \quad \dashrightarrow \quad 2\times\square+8$$

$$2로 나누기 \quad \dashrightarrow \quad (2\times\square+8)\div 2 = \square+4$$

$$선택한 수 빼기 \quad \dashrightarrow \quad (\square+4)-\square = 4$$

마지막 단계에서 선택한 수를 빼면 4만 남게 되는데 4는 8을 2로 나누어서 나온 결과이다. 따라서 답이 항상 10이 되게 하려면 8더하기 대신에 20더하기를 하면 된다.

같은 마술을 반복하면서 더하는 수만 바꾸면 마술의 신비함과 즐거움을 느낄 수 있을 것이다.

초등학교 수준에서 $(2\times\square+8)\div 2$를 계산하는 과정은 교과서에 직접적으로 설명되지 않고 있지만 $28\div 2$의 계산 원리와 같다. 즉, 28은 20+8이므로 $28\div 2=(20+8)\div 2$이고, $(20\div 2)+(8\div 2)$로 계산하는 것이다.

$$(20+8)\div 2 = 20\div 2 + 8\div 2$$

03 마법의 수 1089

마음대로 세 자리 수를 선택하고, 일의 자리 수와 백의 자리 수를 교환하여 다른 수를 만든다. 두 수 중 큰 수에서 작은 수를 빼면 십의 자리 수는 항상 9이고, 백의 자리 수와 일의 자리 수를 더하면 9가 된다. 예를 들어, 375를 선택하였다면 바꿔 쓴 수는 573이고 573-375=198이다. 십의 자리는 9이고, 백의 자리와 일의 자리 수를 더 하면 9가 되므로 일의 자리 수나 백의 자리 수 가운에 하나만 알면 답이 얼마인지 알수 있다. 일의 자리가 8이라고 하였으므로 백의 자리는 1이므로 답은 198이다.

$$674, 476 : 674-476=198$$
$$129, 921 : 921-129=792$$
$$804, 408 : 804-408=296$$
$$391, 193 : 391-193=198$$
$$374, 473 : 473-374=99$$

십의 자리 9
백의 자리+일의 자리=9

계산한 답을 일의 자리 수와 백의 자리 수를 교환하여 다른 수를 만들고, 이번에는 두 수를 더하면 결과는 항상 1089가 된다. 즉, 198 + 891=1089

만약 473, 516처럼 백의 자리와 일의 자리 수의 차이가 1인 경우, 큰 수에서 작은수를 빼면 답은 99가 된다. 이 수를 반대로 쓰면 99가 아니라 990임을 유의해야 한다.

마음대로 선택하기	473
바꿔 쓰기	374
큰 수-작은 수	473-374=99
바꿔 쓰기	990
두 수 더하기	

또, 네 자리 수, 다섯자리 수를 선택하여 위의 절차대로 계산하면 어떻게 되는지알아보자.

네 자리 수일 때, 빼기를 하면 백의 자리 수와 십의 자리 수는 9이고, 천의 자리수와 일의 자리 수를 더하면 9이다. 더하기를 하면 10989가 된다. 세 자리 수를 선택하였을 때와 다른 점을 살펴보기 바란다.

다섯 자리 수를 선택하였을 때, 빼기를 하면 가운데 자리 수는 모두 9이고, 만의자리 수와 일의 자리 수를 더하면 9가 된다. 다시 더하기를 하면 109989가 된다.

처음에 마음대로 선택한 수가 세 자리 수, 네 자리 수, 다섯 자리 수일 때 변하는사실과 변하지 않은 사실을 살펴보기 바란다.

선택하기	바꿔 쓰기	빼기	바꿔 쓰기	더하기
4382	2384	4382-2384=1998	8991	1998+8991=10989
3427	7423	7423-3427=3996	6993	3996+6993=10989
8120	128	8120-128=7992	2997	7992+2997=10989
28126	68122	68122-28126=39996	69993	39996+69993=109989
94613	34619	94613-34619=59994	49995	59994+49995=109989
10008	80001	80001-10008=69993	39996	69993+39996=109989

이런 원리로 미루어 처음에 선택한 수가 여섯 자리 수이면 결과가 어떻게 나올지 예상하고 확인하기 바란다.

이와 같이 수에는 재미있는 규칙이 많이 숨어 있다. 이런 규칙을 찾아보는 것은 탐구력과 추리력, 창의력을 발달시키는 데 매우 효과적이다.

04 네 마음을 알 수 있다

좋아하는 수가 A, C, D카드에 있다면 1 + 4 + 8=13이므로 좋아하는 13이다.

또, 좋아하는 수가 B, C에 있다면 2 + 4=6이므로 그 수는 6이다.

어떻게 알 수 있는지, 수 카드를 어떻게 만드는지 알아보자.

1g부터 15g까지 무게를 재려면 추가 15개 있어야 할 것 같지만 1g, 2g, 4g, 8g짜리 추 4개만 있어도 모두 잴 수 있다. 3g을 재려면 1g과 2g 추를 사용하면 되고, 6g을 재려면 2g, 4g 추를 사용하면 될 것이고, 13g을 재려면 1g, 4g, 8g 추를 사용하면 된다.

이 마술에서 생각한 수 13을 알아맞힐 수 있었던 것은 13이 들어있다는 카드가 A, C, D라고 하였으니 1g, 4g, 8g의 추를 사용했다는 뜻이므로 무게는 13g임을 알 수 있다.

1~31까지의 수를 알아맞힐 수 있는 수 카드를 만들어보자.

1g부터 31g까지 무게를 재려면 1g, 2g, 4g, 8g, 16g짜리 추가 필요하다. 이 추들을 이용하여 1~31g까지 무게를 재는 데 사용된 추는 다음과 같다.

무게	사용된 추	무게	사용된 추	무게	사용된 추
1g	1g	2g	2g	3g	1g, 2g
4g	4g	5g	1g, 4g	6g	2g, 4g
7g	1g, 2g, 4g	8g	8g	9g	1g, 8g
10g	2g, 8g	11g	1g, 2g, 8g	12g	4g, 8g
13g	1g, 4g, 8g	14g	2g, 4g, 8g	15g	1g, 2g, 4g, 8g
16g	16g	17g	1g, 16g	18g	2g, 16g
19g	1g, 2g, 16g	20g	4g, 16g	21g	1g, 4g, 16g
22g	2g, 4g, 16g	23g	1g, 2g, 4g, 16g	24g	8g, 16g
25g	1g, 8g, 16g	26g	2g, 8g, 16g	27g	1g, 2g, 8g, 16g
28g	4g, 8g, 16g	29g	1g, 4g, 8g, 16g	30g	2g, 4g, 8g, 16g
31g	1g, 2g, 4g, 8g, 16g				

이번에는 추가 사용된 무게를 알아보세요.

1g 추가 사용된 무게

1	3	5	7
9	11	13	15
17	19	21	23
25	27	29	31

2g 추가 사용된 무게

2	3	6	7
10	11	14	15
18	19	22	23
26	27	30	31

1g 추가 사용된 무게

4	5	6	7
12	13	14	15
20	21	22	23
28	29	30	31

2g 추가 사용된 무게

8	9	10	11
12	13	14	15
24	25	26	27
28	29	30	31

16g 추가 사용된 무게

16	17	18	19
20	21	22	23
24	25	26	27
28	29	30	31

위에서 만든 수 카드를 이용하여 1~31까지의 수를 알아맞히는 마술을 해보세요.

05 지운 숫자 알아맞히기 1

두 자리 이상의 어떤 수에서 각 자리 수의 합을 빼면 항상 9의 배수가 된다는 성질을 이용한 마술이다. 9의 배수는 각 자리 수의 합이 9의 배수이다. 예를 들면, 56439의 각 자리 수의 합이 9의 배수이므로 56439는 9의 배수이다. 1234는 각 자리 수의 합이 10이므로 9의 배수가 아니다. 또, 9의 배수인 수에서 각 자리 수의 합을 한 자리 수가 될 때까지 계속 더하여 자릿수 근을 구하면 9이다.

56439 → 5+6+4+3+9=27 → 2+7=9   자릿수 근 9
8442 → 8+4+4+2=18 → 1+8=9   자릿수 근 9

또, 어떤 수에서 각 자리 수의 합을 빼면 9의 배수가 된다. 예를 들어, 546에서 각 자리 수의 합을 빼면 531인데 5 + 3 + 1=9이므로 531은 9의 배수이다.

546-(5+4+6)=531 ⎤
391-(3+9+1)=378 ⎬ 각 자리 수의 합이 9의 배수
807-(8+0+7)=792 ⎦

어떤 수 - (어떤 수의 각 자리 수 합) → 9의 배수

어떤 수에서 그 수의 각 자리 수의 합을 빼면 9의 배수가 되고, 자릿수 근이 9인데 어떤 수에서 한 숫자를 지우고 각 자리 수의 합을 빼면 9의 배수가 안 되고, 자릿수 근도 9가 안 된다. 그 이유는 지운 숫자 때문이다.

어떤 수 - (어떤 수의 각 자리 수 합)
9의 배수
자릿수 근 9

지운 수 - (어떤 수의 각 자리 수 합)
9의 배수 아님
자릿수 근 9가 안 됨
이유: 지운 숫자 때문

즉, 374에서 3 + 7 + 4=14를 빼면 360이고, 360은 9의 배수이므로 자릿수 근은 9이다. 그런데 3을 지운 74에서 14를 빼면 60으로 9의 배수가 아니고, 자릿수 근도 9가 아니다. 자릿수 근이 9가 되어야 하는데 지운 수 때문에 자릿수 근이 6인 것이다. 그러므로 3을 지웠다는 것을 알 수 있다.

이 마술은 학년 수준에 따라 두 자리 수, 세 자리 수, 네 자리 수를 선택하게 할 수 있으며, 마술 과정에서 재미있게 계산 기능을 숙달시킬 수 있다.

06 지운 숫자 알아맞히기 2

9의 배수의 성질을 이용한 마술이다. 어떤 수를 10배한 수에서 원래의 수를 빼면 9를 곱한 셈이므로 9의 배수가 된다.

$$237 \times 10 - 237 = 237 \times 9$$

2370 - 237=2133은 9의 배수이고, 이 수에 9의 배수인 45를 더한 2178도 9의 배수이다. 그런데 어느 한 숫자를 지우고 말한 수가 8, 7, 1이므로 2를 지웠음을 알 수 있다. 왜냐하면 자릿수 근을 구하면 8+7+1=16➔ 1+6=7인데 9의 배수가 되려면 2가 모자라기 때문이다.

이 마술에서 마지막에 45를 더하게 하였는데 45대신에 9, 18, 27, …등 9의 배수가 되는 수를 더하거나 빼어도 되므로 수를 다양하게 변화시키면서 마술을 시연하면 마술의 신비를 높일 수 있다.

07 곱셈에서 지운 숫자 알아맞히기

329×5627의 자릿수 근은 각각의 자릿수 근을 곱한 수의 자릿수 근과 같다. 즉, 329의 자릿수 근은 5이고, 5627의 자릿수 근은 2이므로 자릿수 근 끼리로 곱한 수의 자릿수 근은 1이다. 따라서 329×5627의 자릿수 근도 1이다.

두 수의 곱	자릿수의 곱
329	5
× 5627	× 2
1851283	10
자릿수 근 1	1

그런데 한 숫자를 지우고 나머지 수를 순서 없이 말한 수가 1, 2, 8, 3, 5, 8이므로 이것들의 자릿수 근은 1+2+8+3+5+8=9이다. 자릿수 근 9는 0과 같으므로 1을 지웠다는 것을 알 수 있다.

08 나이 알아맞히기 1

처음에 두 자리 수를 마음대로 선택하게 하고 9를 곱하게 한 것은 9의 배수를 만들기 위함이다. 9의 배수에 어떤 수를 더하여 합을 구하고, 그 합의 자릿수 근을 구하면 9가 안 된다. 그 이유는 9의 배수에 어떤 수를 더했기 때문이다. 예를 들어, 45에 어떤 수를 더하고,

그 합의 자릿수 근을 구하였더니 4가 되었다면 어떤 수를 더했을까? 4, 13, 22, …등 일 것이다.

9의 배수 → 자릿수 근 9

9의 배수 + 어떤 수 → 자릿수 근 4
　　　　　↳ 4, 13, 22, 31, 40, 49, 58, 67, ……

초등학생이므로 나이는 13살이다. 또는 체격이나 얼굴을 보니 대학생쯤 되어 보이면 22살, 부모라고 하면 49, 할아버지나 할머니라면 67살일 것이다.

초등학생의 나이는 비슷하므로 마술의 신비성이 떨어질 수 있다. 따라서 학생의 부모, 형이나 누나 등의 나이를 알아맞히도록 한다.

학년의 수준에 따라 처음에 선택하는 수를 한 자리 또는 세 자리나 그 이상의 수를 선택하게 할 수 있다.

09 10개 수의 합을 미리 알아맞히기

일정한 규칙에 따라 수들을 늘어놓은 것을 수열이라고 한다. 특히, 앞의 두 수의 합을 다음 수로 하는 수열을 피보나치 수열이라고 한다. 즉, 처음 두 수를 8, 5라고 하였으면 셋째 수는 8과 5를 합한 13이고, 넷째 수는 5와 13을 합한 18이다. 같은 방법으로 10개의 수를 만들면 다음과 같다.

$$5+13=18 \quad 18+31=49$$
8,　5,　13,　18,　31,　49,　80,　129,　209,　331
$$8+5=13 \quad 13+18=31$$

피보나치 수열에서 처음 10개의 합은 일곱째 수의 11배가 된다. 그 이유를 중학교 수준으로 설명하면 다음과 같다.

차례	1	2	3	4	5	6	7	8	9	10
수	a	b	$a+b$	$a+2b$	$2a+3b$	$3a+5b$	$5a+8b$	$8a+13b$	$13a+21b$	$21a+34b$

10개의 수들을 모두 더하면 55+88인데 55+88=11(5+8)이다. 이것은 일곱째 수 5+8의 11배이다.

일곱째 수가 얼마인지 알았다면 암산으로 재빨리 11을 곱하면 전체 수들의 합을 구할 수 있다. 참고로 어떤 수의 11의 곱은 다음과 같이 간단히 구할 수 있다.

$$80 \times 11 = 800 + 80 = 880 \qquad 238 \times 11 = 2380 + 238 = 2618$$

$$\begin{array}{r} 2380 \\ +\ 238 \\ \hline 2618 \end{array}$$

또, 첫째와 둘째 수를 알면 일곱째 수는 (첫째 수×5)+(둘째 수×8)이므로 이 수에 11을 곱하면 전체 수들의 합을 구할 수 있다.

10 카드 숫자 알아맞히기

이 마술은 간단하지만 십진기수법의 원리를 이용한 것인데 핵심적인 원리는 5×2에 있다. 임의의 한 자리 수에 5를 곱하고 2를 곱하면 결국 10을 곱한 것이 되므로 그 수는 십의 자리 수가 된다. 즉, 4에 10을 곱하면 40이 되므로 숫자 4는 십의 자리 수로 변한 것이다.

그런데 한 번에 10을 곱하게 하는 것은 마술의 흥미를 잃을 수 있으므로 이를 5와 2로 분해하여 곱하게 하는 것이다. 또, 소수를 배웠다면 선택한 수에 2.5를 곱하고, 4를 곱하는 마술로 변형시켜도 좋을 것이다.

숫자 카드 한 장을 뽑아 5를 곱하고 3을 더하면 (5×□+3)이고, 여기에 2를 곱하면 (10×□+6)이다. 여기에 다른 카드의 수를 더하면 (10×□+6+△)이다. (10×□+6+△)에서 6을 빼면 (10×□+△)가 되는데 □는 처음에 뽑은 카드 숫자이고, △는 나중에 뽑은 카드 숫자이다.

이 마술에서 마지막 계산 결과가 43이므로 43-6=37이다. 따라서 첫째 카드 숫자는 3

이고 둘째 카드 숫자는 7이다.

위와 같은 마술은 암산 능력을 발달시키는 데 효과적이다. 단순히 계산 연습을 시키는 것은 학습의 큰 효과를 거두기 어렵기 때문에 수학 마술이라는 흥미와 결합시킨다면 학생들의 거부감을 줄일 수 있을 것이다.

또, 같은 마술을 몇 번 되풀이하면 수학 마술의 원리를 추론할 수 있을 것이다. 이것은 수학 마술이 학생들의 추론 능력을 발달시키는 데 기여한다는 것을 알 수 있다.

11 나이 알아맞히기 2

계산 결과 25에 1을 더하고, 2로 나누면 13이므로 나이는 13살이다. 나이가 25살이라면 마술의 절차에 따라 25×25=625, 24×24=576, 625-576=49이다. 49에 1을 더하고 2로 나누면 나이는 25살이다. 그 이유를 중학교 수준으로 식을 이용하면 쉽게 설명할 수 있지만 초등학교 수준에서는 좀 어려우므로 그림으로 설명할 수 있다.

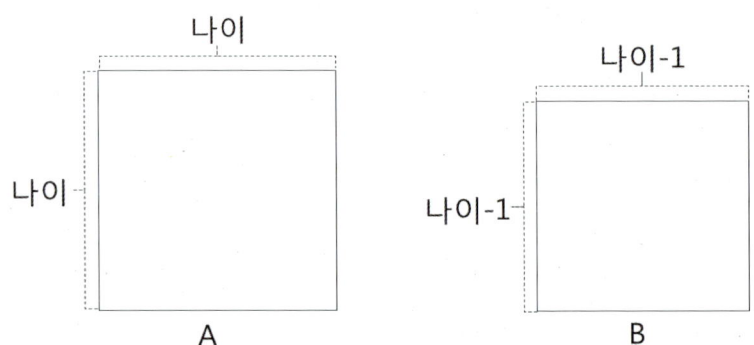

나이를 서로 곱한다는 것은 그림 A처럼 정사각형 넓이를 나타내고, 나이에서 1을 뺀 수를 서로 곱한다는 것은 그림 B와 같이 나타낼 수 있다.

나이끼리 서로 곱한 수에서 나이에서 1을 뺀 수를 서로 곱한 수를 빼면 그림 C에서 색칠한 부분이다.

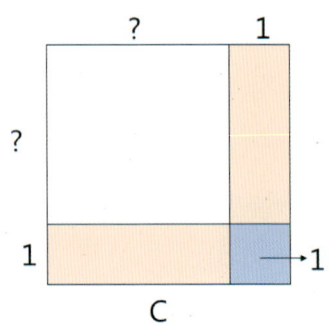

우리가 알고 싶은 것은 나이를 나타내는 정사각형 한 변의 길이이다. 계산 결과 25에서 1을 뺀 24는 색칠한 두 직사각형의 넓이이므로 직사각형 하나의 넓이는 12이다. 세로가 1이므로 가로는 12이다. 따라서 정사각형 한 변의 길이는 13임을 알 수 있다.

또, 계산 결과 25에 1을 더하여 정사각형 한 변의 길이를 구할 수도 있다. 25에 1을 더하면 직사각형 2개, 정사각형 2개의 넓이를 더한 것이다.

따라서 정사각형 한 변의 길이는 13임을 알 수 있다.

12 신비의 수 33

마음대로 수를 선택하여 계산하였음에도 결과가 모두 같아지는 마술이다. 마음대로 3, 6, 8을 선택하였다면 이 수들로 만들 수 있는 수는 33, 36, 38, 66, 63, 68, 88, 83, 86 등 모두 9개이다. 이들의 합인 561은 마음대로 선택한 3, 6, 8의 합 17로 나누어지며 몫은 33이다. 물론 어떤 수를 선택하더라도 몫은 항상 33이다.

이번에는 두 수를 선택하는 경우를 알아보자. 마음대로 선택한 수를 7, 8이라면 이 수로 만들 수 있는 수는 77, 78, 87, 88이고 이들의 합은 330이다. 330을 7, 8의 합인 15로 나누면 몫은 22이다. 어떤 두 수를 선택하더라도 결과는 항상 22이다.

마음대로 4개의 수를 선택하였다면 결과는 어떻게 될지 예상해보고 실제로 알아보기 바란다.

13 번개처럼 빠른 곱셈 마술

$6794 \times 2583 + 6794 + 7416$을 계산하는 문제이다. 학생이 낸 문제와 마술사가 낸 문제를 비교하여보자. 어떤 특징을 발견할 수 있는가? 곱하는 수를 비교하면 학생이 낸 문제 2583과 마술사가 낸 문제 7416을 더하면 9999이다.

학생의 문제 6794×2583
마술사의 문제 6794×7416 +) 9999

$6794 \times 2583 + 6794 + 7416$은 6794×9999와 같다. 6794×9999를 쉽게 계산하는 방법은 $6794 - 1 = 6793$은 앞의 4자리이고, $9999 - 6793 = 3206$은 뒤의 4자리 수이다. 즉, $6794 \times 9999 = 67933206$

$6794 - 1$ 6794×9999 $9999 - 6793$
           67933206

왜 그럴까?

큰 수를 생각하기 어려우므로 두 자리 수의 곱셈 24×35, 24×64의 합을 알아보자.

24×35는 24를 35번 더하는 것이고, 24×64는 24를 64번 더하는 것이므로 이들을 합하면 24를 99번 더하는 셈이다. 즉, 24×99는 $24 \times 100 - 24$이다. 이것을 쉽게 계산하면 24에서 1을 뺀 23을 왼쪽 자리에 쓰고, 99에서 23을 뺀 76을 오른쪽 자리에 쓴다.

```
         2400        ¹⁰⁰
       −   24      2̸4̸00
       ──────    −   24
                  ──────
                      23
                      76
                    ──────
                    2376
```

2376에서 앞의 두 자리인 23은 24 - 1이고, 뒤의 두 자리인 76은 100 - 24 또는 99 - 23이다.

14 자신의 수 복제

마음대로 선택한 3자리 수를 반복하여 만든 6자리 수를 7, 11, 13으로 나누면 처음의 수가 나오는 마술이다. 이 마술의 포인트는 7, 11, 13으로 연속하여 나누는 것이다. 결국은 7×11×13=1001로 나누는 것이다.

거꾸로 생각해보면, 반복된 수를 1001로 나누었으므로 1001로 곱하면 반복되는 수가 나타날 것이다. 예를 들어, 482×1001=482482이다. 1001로 곱했을 때 나타나는 특징을 이용한 마술이다.

15 누구나 27

마음대로 선택한 수를 9의 배수로 만들어 그 성질을 이용한 마술이다. 9의 배수를 만드는 방법에는 여러 가지가 있는데 이 마술은 자리 숫자를 교환하는 방법을 사용하였다.

마음대로 네 자리 수를 선택하고, 천의 자리와 일의 자리 숫자를 교환하여 새로운 수를 만들고, 큰 수에서 작은 수를 빼면 9의 배수가 되고, 각 자리 수를 더하면 항상 27이 된다.

예를 들어, 6403을 선택하였다면 천의 자리와 일의 자리 수를 바꾸면 3406이 되고, 큰 수에서 작은 수를 빼면 6403 - 3406=2997이다. 이 수는 9의 배수이고, 각 자리 수를 더하면 2+9+9+7=27이 된다.

$$6403-3406 = 2997 \qquad 643-346 = 297$$
$$7316-6317 = 999 \qquad 716-617 = 99$$
$$8534-4538 = 3996 \qquad 854-458 = 396$$
$$9134-4139 = 4995 \qquad 914-419 = 495$$

자리 수의 합 27 〈〉 자리 수의 합 18

계산 결과가 18이 되려면 세 자리 수를 선택하면 된다. 즉, 마음대로 세 자리 수를 선택하고 일의 자리와 백의 자리 숫자를 서로 바꾸어 큰 수에서 작은 수를 빼면 9의 배수가 되는데 각 자리 수를 더하면 18이 된다.

16 생년월일 알아맞히기 I

두 수의 합을 차례대로 쓰면 10, 18, 17, 8, 5, 7, 8, 15이다.

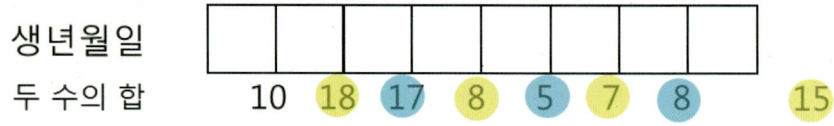

10, 18, 17, 8, 5, 7, 8, 15에서 18+8+7+15=48이고, 17+5+8=30이므로 48 - 30 =18, 18÷2=9이다. 9는 둘째 숫자이다.

$$(18+8+7+15)-(17+5+8)=18 \quad 18 \div 2 = 9$$

둘째 숫자를 알았으므로 나머지 숫자는 다음 그림과 같이 차례로 구하여 생년월일이 1988년 5월 26일임을 알아맞힐 수 있다.

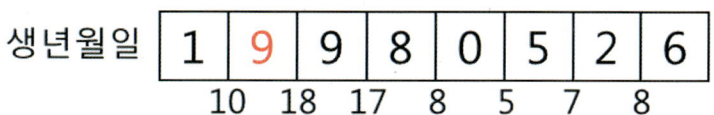

네 자리 수를 알아맞히는 절차를 알아보자. 마음대로 선택한 수가 5902이라고 하면,
1) 두 수의 합 구하기
　　첫째 수+둘째 수=14, 둘째 수+셋째 수=9, 셋째 수+넷째 수=2,
　　둘째 수+넷 째 수=11
2) 둘째 수 구하기
　　(9+11) - 2=18, 18÷2=9
3) 네 자리 수 구하기
　　첫째 수: 14 - 9=5　둘째 수: 9　셋째 수: 9 - 9=0　넷째 수: 2 - 0=2

다섯 자리 수를 알아맞히는 절차는 네 자리 수인 경우와 조금 다르다. 마음대로 선택한 수가 59027이라고 하면 이를 알아맞혀보자.
1) 두 수의 합 구하기
　　첫째 수+둘째 수=14, 둘째 수+셋째 수=9, 셋째 수+넷째 수=2,
　　넷째+다섯째=9, 첫째 수+다섯 째 수=12
2) 첫째 수 구하기
　　(14+2+12) - (9+9)=10　10÷2=5
3) 다섯 자리 수 구하기
　　첫째 자리 수: 5　둘째 자리 수: 14 - 5=9　셋째 자리 수: 9 - 9=0
　　넷째 자리 수: 2 - 0=2　다섯째 자리 수: 9 - 2=7

17 원하는 답이 나오는 덧셈 문제 만들기

계산 결과가 456이 나오는 덧셈 문제를 만들겠다고 하였으므로 백의 자리 4를 지우고 56에 더한다. 56+4=60이므로 마술사는 맨 처음에 60을 쓴다. 학생이 마음대로 두 자리 수를 쓰면 마술사는 학생이 쓴 수와 합이 99가 되는 수를 쓴다. 즉, 학생이 28을 썼으므로 마술사는 71을 쓴다.

계산 결과가 456이 나오도록 해야 하므로 학생 4명이 수를 쓰게 한다.

간편하게 덧셈을 하면 학생과 마술사가 쓴 수들의 합은 99씩 4번이므로 400에서 4가 모자란다. 그래서 60에서 4를 빼면 계산 결과는 456이다.

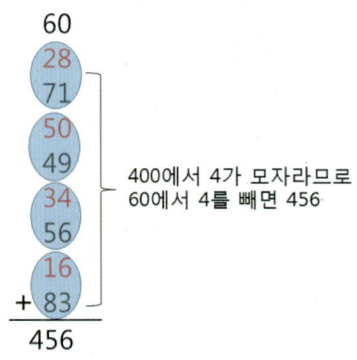

계산 결과가 537이 나오게 하려면 학생 5명이 필요하고, 821이 나오게 하려면 학생 8명이 필요하다. 따라서 백의 자리 수는 3~5가 적절하다.

18 마음 읽기

선택한 한 자리 수가 십의 자리가 될 수 있도록 한다. 예를 들어, 7을 선택하였다면 7에 9를 곱하면 63이 되어 7이 십의 자리가 안 되었지만 9를 곱하고 다시 7을 더하면 70이 되어 십의 자리가 7이 된다.

선택한 수에 3을 곱하고, 다시 3을 곱하고, 선택한 수를 더하면 결국 선택한 수에 10을 곱한 셈이다. 따라서 선택한 수는 십의 자리가 된다. 즉, 십의 자리가 곧 생각한 수이다.

1을 더하는 것은 마술을 복잡하게 만들어 궁금하게 만들기 위함이다. 그러나 8과 같이 큰 수를 더하면 받아올림이 있어서 십의 자리 수가 달라지게 되어 선택한 수를 알아맞히기 어렵다. 이 마술에서 4를 더하게 하면 마술이 다음과 같이 변한다.

7선택 → 3곱하기: 21 → 4 더하기: 25 → 3곱하기: 75 → 선택한 수 더하기: 83
1선택 → 3곱하기: 3 → 4 더하기: 7 → 3곱하기: 21 → 선택한 수 더하기: 22
십의 자리 수로 생각한 수를 알아맞히기 어렵다.

7선택 → 3곱하기: 21 → 3 더하기: 24 → 3곱하기: 72 → 선택한 수 더하기: 79
1선택 → 3곱하기: 3 → 3 더하기: 6 → 3곱하기: 18 → 선택한 수 더하기: 19
십의 자리 수로 생각한 수를 알아맞힐 수 있다.

19 신비의 수 6174

마음대로 선택한 숫자로 가장 큰 수와 작은 수를 만들어 뺄셈을 하고, 뺄셈의 답에 있는 숫자로 가장 큰 수와 가장 작은 수를 만들어 뺄셈을 한다. 다시 뺄셈의 답에 있는 숫자로 가장 큰 수와 가장 작은 수를 만들어 뺄셈을 되풀이 하면 6174가 반복되어 나타난다. 숫자 3개를 선택하여 마술을 하면 594가 반복되어 나타난다.

20 생년월일 알아맞히기 2

8자리 수를 알아맞히는 마술이므로 절차가 복잡하다. 적절한 계산 과정을 거쳐서 태어난 해를 천만, 백만, 십만, 만의 자리에 오도록 하고, 태어난 월은 천, 백의 자리, 태어난 일은 십, 일의 자리에 오도록 하는 마술이다.

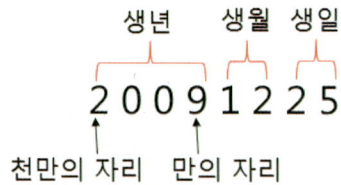

생년에 100을 곱하고, 2를 곱하고, 5를 곱하고, 10을 곱하였으니 생년에 10000을 곱한 셈이다. 생년에 10000을 곱하면 생년이 천만, 백만, 십만, 만의 자리에 오게 된다.

$$2009 \times 10000 = 20090000$$

같은 방법으로 생월을 더한 다음에 2를 곱하고, 5를 곱하고, 10을 곱하였으니 생월에 100을 곱한 셈이다. 생월에 100을 곱하면 생월이 천, 백의 자리에 오게 된다.

$$12 \times 100 = 1200$$

생일은 마지막으로 더한다.
계산 결과에서 444를 빼면 생년월일이 된다.

$$20091669 - 444 = 20091225$$
$$\downarrow$$
$$2009년\ 12월\ 25일$$

21 태어난 월일 알아맞히기

태어난 달과 날을 알아맞히는 것은 4자리 수를 알아맞히는 것이다. 적절한 계산을 통하여 생월은 천의 자리와 백의 자리에 오게 하고, 생일은 십의 자리와 일의 자리에 오게 한다.

생월에 2를 곱하고 50을 곱했으니 100을 곱을 곱한 셈이고, 생월이 천, 백의 자리에 오게 된다. 생월이 1월~9월인 경우에는 백의 자리에 온다.

$$12월 \times 100 = 1200 \qquad 1월 \times 100 = 100$$

생일은 마지막에 더해주면 십의 자리와 일의 자리에 오게 된다.

계산 결과에서 135를 빼면 생월, 생일이 된다. 365를 빼게 하는 것은 1년과 관련되므로 호기심을 자극할 수 있을 것이다.

$$236 - 135 = 101$$
$$\downarrow$$
$$1월\ 1일$$

22 훌륭한 인물 예언하기

어떤 수가 있다면 그 수에 있는 숫자를 이용하여 만든 수들의 차는 9의 배수가 된다. 즉, 4538이 있다면 4, 5, 3, 8 모두를 이용하여 만들 수 있는 수는 4538, 8543, 4385, 3458, …등이다. 이 중에서 어느 두 수의 차는 항상 9의 배수가 된다. 또, 9의 배수는 자릿수 근이 9이다.

훌륭한 인물의 생년월일을 예로 들어 마술을 보여주면 학생들이 호기심을 가질 것이다.

01 사라진 선분

다음과 같은 방법으로 마술 선분을 그린다.
① A4용지와 같은 직사각형 또는 정사각형 모양의 종이를 준비한다.
② [그림 1-4]와 같이 길이가 같은 선분을 같은 간격으로 원하는 수만큼 그린다.

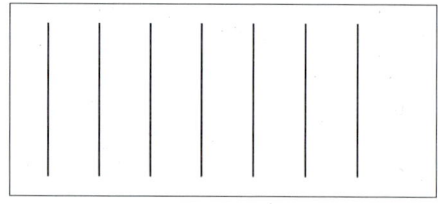

[그림 1-4]

③ [그림 1-5]의 점선과 같이 맨 왼쪽 선분의 아래 끝점과 맨 오른쪽 선분의 위 끝점을 잇는 직선을 긋는다. 점선을 따라 종이를 자르면 된다.

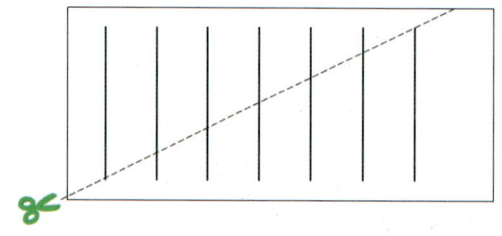

[그림 1-5]

선분 1개는 어디로 갔을까? 그리고 무엇이 어떻게 변하였는지 알아보자.
[그림 1-6]과 같이 길이가 9cm인 선분을 10개 그린다.

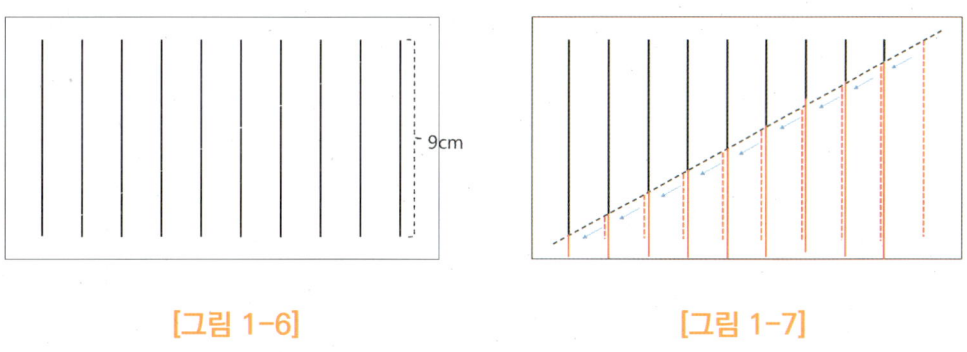

[그림 1-6]   [그림 1-7]

　점선을 따라 잘라 아래로 밀어서 다른 선분에 이으면 선분의 길이는 길어지고 선분 하나가 없어진다. 선분 하나가 없어지는 대신에 그 선분의 길이만큼 다른 선분의 길이가 늘어나는 것이다. 즉, 9cm인 선분이 없어지는 대신에 다른 선분 9개의 길이가 1cm씩 늘어나는 것이다. 따라서 원래 선분 전체의 길이는 9cm씩 9개이므로 90cm이었는데 잘라 이어 붙이면 10cm씩 9개가 되어 전체 길이는 90cm로 변화가 없다.

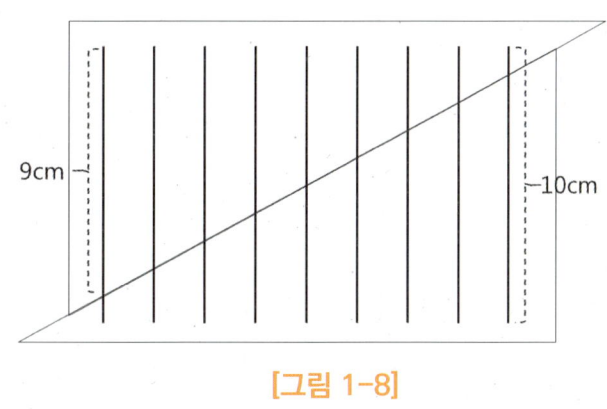

[그림 1-8]

02 직사각형이 정사각형으로 변신

　점선을 따라 자르고 옮겨 붙이면 점선 아래 부분이 왼쪽 직사각형에 이어지게 되고, 그만큼 직사각형의 크기가 커진다. 직사각형이 1개 없어지는 대신에 다른 직사각형의 크기가 변하여 정사각형이 되었다.

직사각형 1개의 넓이는 5×4=20cm2이므로 5개의 넓이 합은 100cm2이다. 잘라서 옮겨 붙이면 한 변의 길이가 5cm인 정사각형이 되어 넓이는 25cm2가 되며 4개 넓이의 합은 100cm2로 원래 넓이의 합과 변화가 없다.

03 64 = 65인가?

[그림 3-3]에서는 완전한 직사각형처럼 보이지만 실제로 모눈종이를 잘라서 [그림 3-4]처럼 이어붙이면 직사각형 안에 작은 공간이 생긴다.

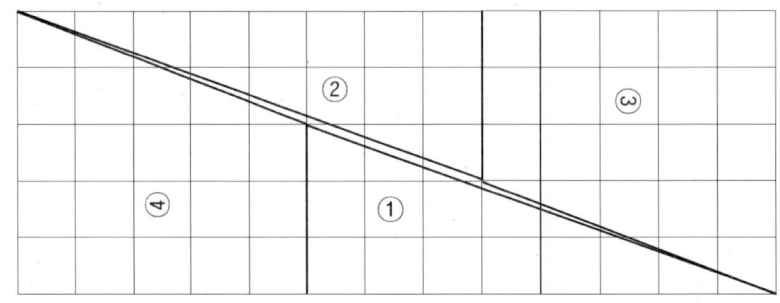

[그림 3-4]

그 이유는 [그림 3-5]처럼 ①과 ④를 이어 직각삼각형을 만들면 빗변이 직선이 되지 않기 때문이다.

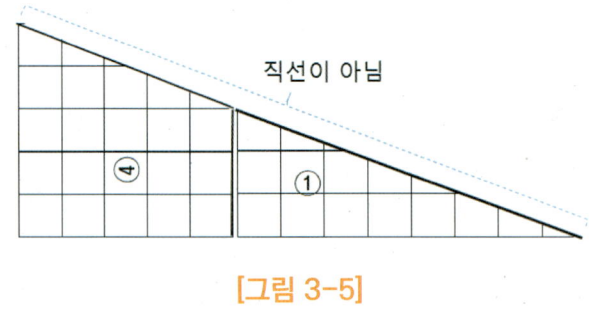

[그림 3-5]

직사각형 안에 생긴 작은 공간의 넓이가 정사각형 1개만큼의 넓이이다.

04 줄어든 넓이 1

넓이가 64인 정사각형의 모눈종이를 잘라 [그림 4 - 2]와 같이 재배열하면 [그림 4 - 3] 과 같이 겹쳐지는 부분이 생기기 때문에 넓이가 1만큼 줄어든 것이다.

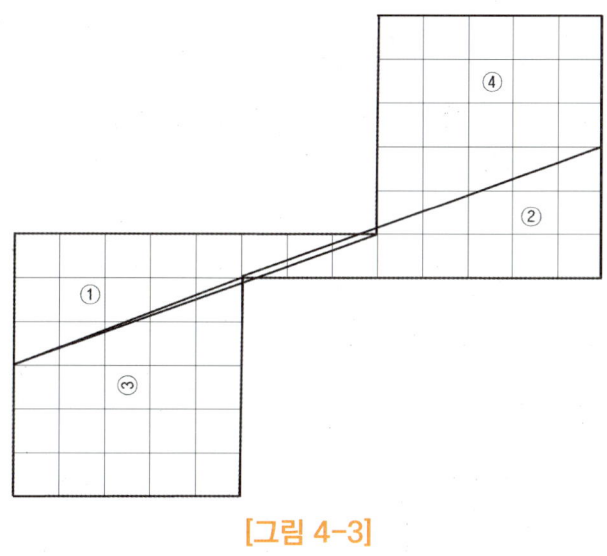

[그림 4-3]

05 줄어든 넓이 2

점선이 지나는 부분을 자세히 살펴보자.

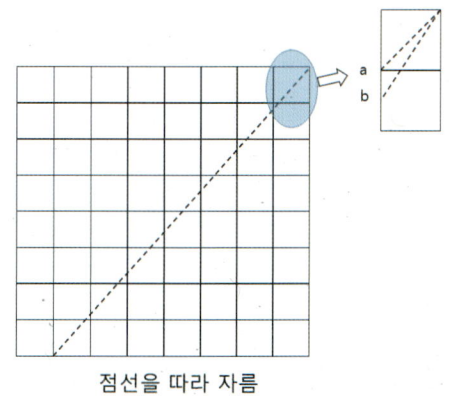

점선을 따라 자름

점선이 정사각형 모눈종이의 대각선이라면 점선은 a를 지나므로 잘라서 이어 붙여도 시각적으로 아무런 문제가 없다. 그러나 점선이 대각선이 아니므로 점선은 b를 지나게 된다.

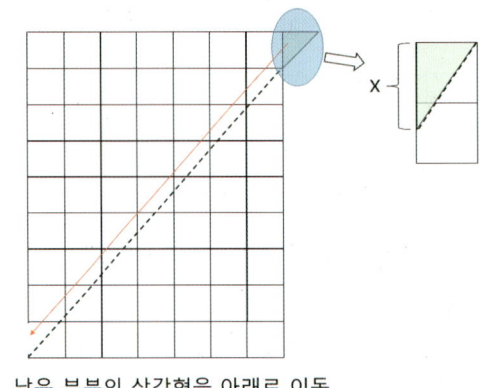

남은 부분의 삼각형을 아래로 이동

색칠한 삼각형을 잘라서 왼쪽 아래 부분에 붙이면 직사각형 세로의 길이는 9보다 조금 더 길게 된다. 점선이 대각선이라면 세로의 길이는 변화가 없다.

색칠한 삼각형의 높이 x를 구하면 큰 직각삼각형과 색칠한 부분의 작은 직각삼각형은 닮음이므로 길이의 비가 같다.

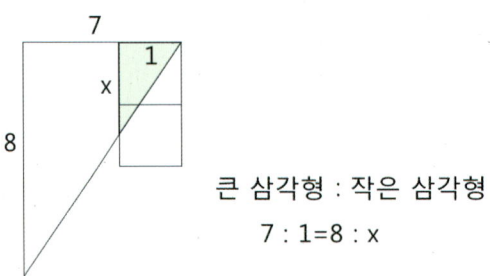

큰 삼각형 : 작은 삼각형
7 : 1 = 8 : x

$$7 : 1 = 8 : x = \frac{8}{7}$$

따라서 직사각형 세로의 길이는 9가 아니라 $9\frac{1}{7}$이다. 직사각형의 넓이는 $7 \times 9\frac{1}{7} = 64$이므로 실제로는 넓이의 변화가 없다.

06 정사각형에 정사각형 구멍내기

▶ **정사각형 자르기**

점선이 정사각형의 한 변이 되도록 4조각을 옮겨 붙이면 가운데에 정사각형 모양의 공간이 만들어진다.

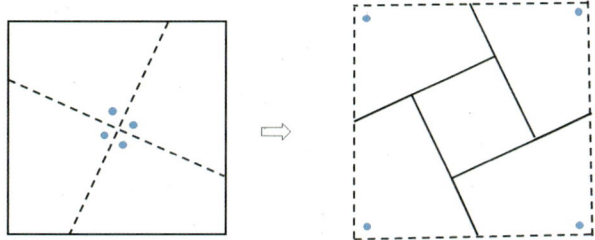

〈자르는 방법〉
① 정사각형에서 마주보는 변을 잇는 선분 ㄱㄴ을 긋는다.
② 선분 ㄱㄴ과 길이가 같으면서 수직으로 만나는 선분 ㄷㄹ을 나머지 두 변에 긋는다.
③ 선분 ㄱㄴ과 선분 ㄷㄹ이 정사각형의 둘레가 되도록 옮겨 붙인다.

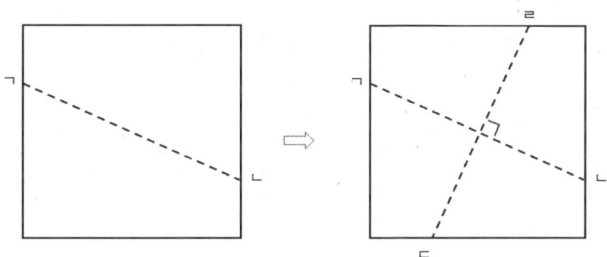

▶ **직사각형 자르기**

점선이 직사각형의 한 변이 되도록 4조각을 옮겨 붙이면 가운데에 직사각형 모양의 공간이 만들어진다.

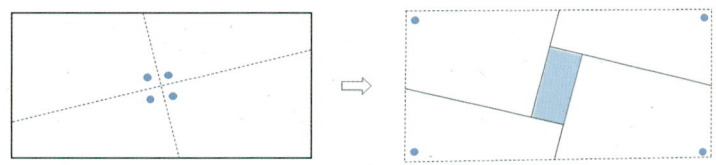

〈자르는 방법〉

① 직사각형에서 마주보는 변을 잇는 선분 ㄱㄴ을 긋는다.

② 선분 ㄱㄴ과 수직으로 만나는 선분 ㄷㄹ을 나머지 두 변에 긋는다.

③ 선분 ㄱㄴ과 선분 ㄷㄹ이 직사각형의 둘레가 되도록 옮겨 붙인다.

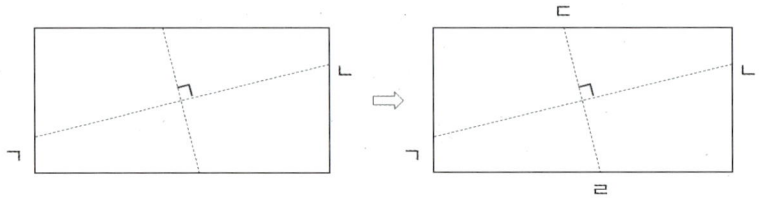

▶ **십자 모양 자르기**

한 변의 길이가 모두 같은 십자 모양을 그림과 같이 4조각으로 잘라 옮겨 붙이면 정사각형을 만들 수 있다.

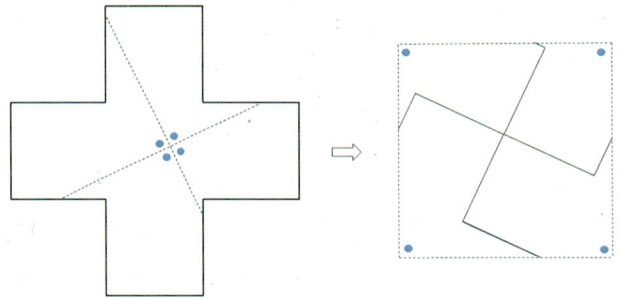

〈자르는 방법〉

① 십자 모양의 한 변에 점 ㄱ을 찍고, 점 ㄱ의 수평으로 반대쪽이면서 수직으로 반대쪽에 있는 변에 점 ㄴ을 찍고 선분 ㄱㄴ을 긋는다.

② 선분 ㄱㄴ과 길이가 같으면서 수직이 되는 선분 ㄷㄹ을 대각선 방향에 있는 변에 긋는다.

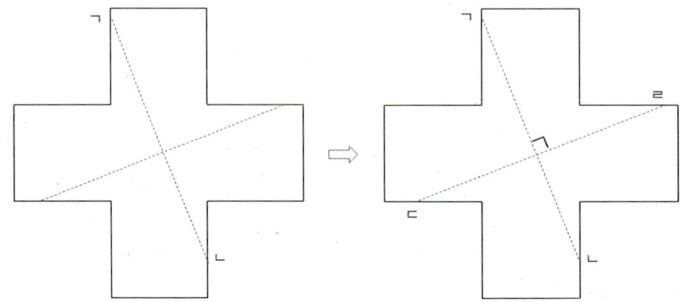

③ 선분 ㄱㄴ과 선분 ㄷㄹ이 정사각형의 둘레가 되도록 도형을 옮겨 붙인다.

07 색종이로 몸 통과시키기

면을 선으로 변환시키는 활동으로 자르는 간격이 좁을수록 둘레가 크게 된다.
자르는 방법은 다음과 같다.

1) 색종이를 반으로 접는다.

2) 가위를 이용하여 그림과 같이 접은 부분에서 가장자리 쪽으로 자른다. 그림에서 맨 왼쪽에는 약 2cm 정도는 남기고 자르고, 그 다음부터는 4cm 간격으로 자른다.

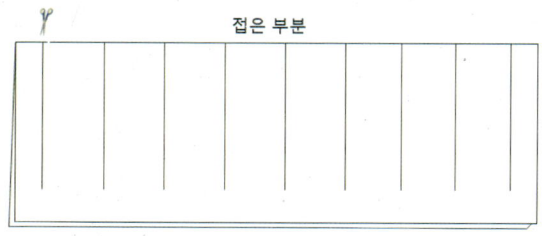

3) 이번에는 방향을 바꾸어 바깥쪽 가장자리부터 접은 부분 쪽으로 자른다.

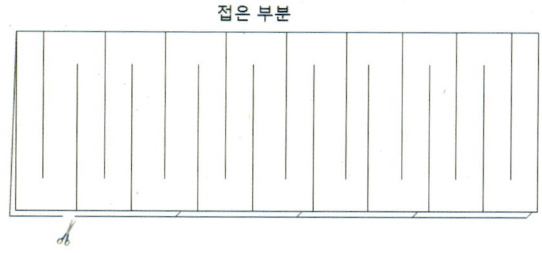

4) 가위를 이용하여 접은 부분을 화살표로 나타낸 부분까지 자른다.

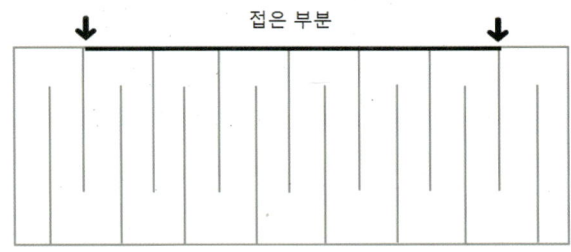

5) 색종이를 펼치면 자신의 몸을 통과시키기에 충분한 둘레를 가진 색종이가 된다.

08 자유 찾기

1. 〈그림 8-2〉처럼 산슬이가 자신의 끈으로 작은 고리를 만들고, 그 고리를 펭수 손목에 묶여 있는 끈 밑으로 밀어 넣는다. 그리고 그 고리로 펭수 손을 통과시키면 묶여 있던 손이 풀린다.

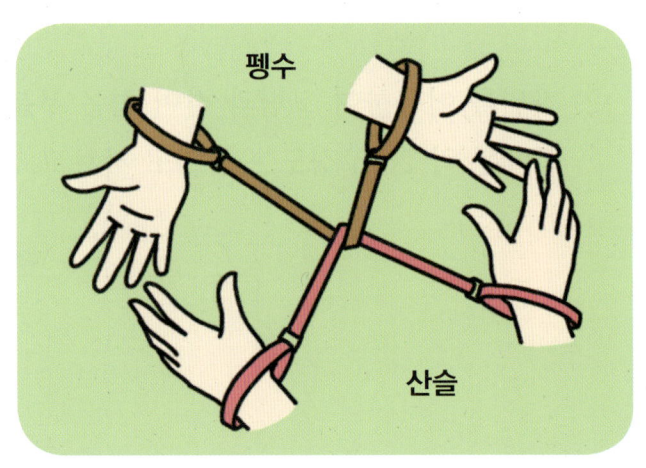

〈그림 8-4〉

2. 〈그림 8-4〉처럼 하나, 둘, 셋을 외치면서 고무 밴드가 빠지도록 중지를 꼬부리면 검지에 걸려 있던 고무 밴드가 중지로 이동하게 된다.

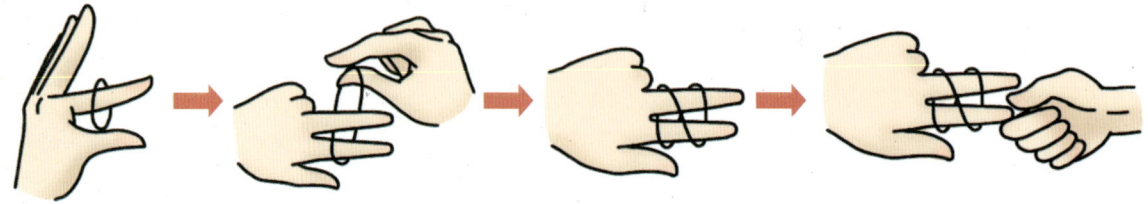

〈그림 8-4〉

3. 〈그림 8-5〉처럼 고리를 만들어 고리 가운데로 가위를 한 바퀴 돌려서 끈을 당기면 끈에서 가위가 풀린다.

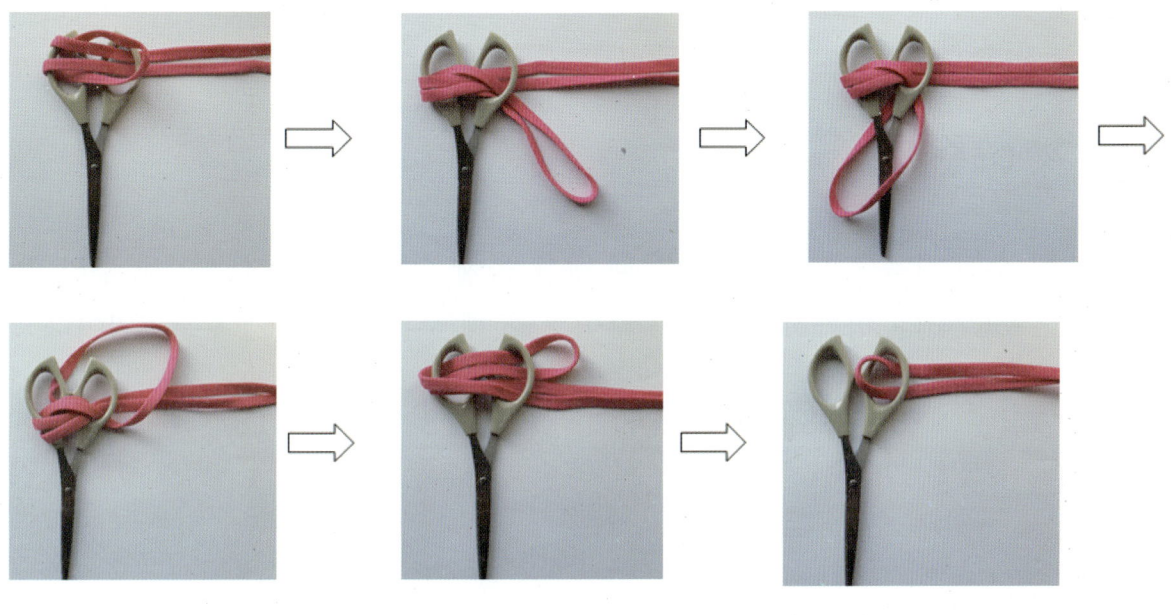

〈그림 8-5〉

01 달력 마술 1

연속된 세 수의 합을 3으로 나누었을 때 몫은 둘째 수를 나타낸다. 즉, 세 수의 합이 21이므로 21÷3=7이다. 따라서 7은 둘째 수이고, 첫째 수는 6일, 셋째 수는 8일이다.

$$(6+7+8) \div 3 = 7 \qquad (17+18+19) \div 3 = 18$$
$$\downarrow \qquad\qquad\qquad\qquad \downarrow$$
$$\text{둘째 수} \qquad\qquad\qquad \text{둘째 수}$$

달력에서 뿐만 아니라 모든 수에서 연속되는 세 수의 합을 3으로 나누면 몫은 둘째 수가 된다. 연속된 세 수의 평균은 둘째 수이다.

이런 원리는 연속되는 다섯 수의 합에도 적용된다. 즉, 연속된 다섯 수의 합을 5로 나누면 몫은 셋째 수를 나타낸다. 연속된 다섯 수의 평균은 셋째 수이다.

$$(46+47+48+49+50) \div 5 = 48$$
$$\downarrow$$
$$\text{셋째 수}$$

셋째 수가 48이므로 둘째 수는 48-1=47, 첫째 수는 47-1=46. 넷째 수는 48+1=49, 다섯째 수는 49+1=50이다.

02 달력 마술 2

연속된 세 수의 합을 3으로 나누면 몫은 둘째 수가 된다는 것을 앞에서 알았다. 연속된 세 수는 1씩 늘어나는 수열(수열이란 일정한 규칙에 따라 늘어놓은 수들)이다. 7씩 늘어나는 수열에서도 적용되는지 알아보자. 달력에서 세로로 연속된 수들은 7씩 증가하는 수열이다. 다음은 7씩 증가하는 수열이다.

$$2, 9, 16, 23, 30, \cdots$$

연속된 세 수 9, 16, 23을 선택하였다고 하면 세 수의 합은 48이고, 이를 3으로 나누면 몫은 16인데 이 수는 둘째 수이다.

$$(9+16+23) \div 3 = 16$$
$$\downarrow$$
$$둘째 수$$

둘째 수가 16이므로 첫째 수는 16 - 7 = 9이고, 셋째 수는 16 + 7 = 23이다.

또, 14, 21, 28을 선택하였다면 세 수의 합은 63이므로 이를 3으로 나누면 21인데 이 수는 둘째 수가 된다. 첫째 수는 21 - 7 = 14이고, 셋째 수는 21 + 8 = 28임을 알 수 있다.

03 정사각형 안의 수 알아맞히기

네 수의 합을 4로 나누고, 4를 빼면 첫째 날이다. 즉, 48 ÷ 4 = 12, 12 - 4 = 8이므로 첫째 날은 8일이고 둘째 날은 9일, 셋째 날은 8 + 7 = 15일, 넷째 날은 16일이다.

다른 방법도 있는데 합에서 16을 빼고, 4로 나누어도 된다. 즉, 48 - 16 = 32, 32 ÷ 4 = 8이므로 첫째 날은 8일이다.

왜 그렇게 되는지 알아보자. 정사각형의 첫째 날인 8일을 기준으로 하면 8, 9, 15, 16일을 8, 8+1, 8+7, 8+8로 나타낼 수 있다.

$$\begin{array}{|cc|} \hline 8 & 9 \\ 15 & 16 \\ \hline \end{array} \Rightarrow \begin{array}{|cc|} \hline 8 & 8+1 \\ 8+7 & 8+8 \\ \hline \end{array} \quad \begin{array}{l} 8+8+8+8+1+7+8 \\ = 8\times 4 +16 \end{array}$$

이를 모두 더하면 $8 \times 4 + 16$이다. 따라서 거꾸로 풀기 전략을 사용하여 네 수의 합에서 16을 빼고 4로 나누면 첫째 날을 구할 수 있다.

이와 같은 과정을 중학교 수준으로 나타내면 다음과 같다.

$$\begin{bmatrix} A & A+1 \\ A+7 & A+8 \end{bmatrix} \quad \begin{array}{l} A+(A+1)+(A+7)+(A+8) \\ = 4\times A +16 \end{array}$$

만약에 정사각형 안에 있는 수들의 합이 88이라면 88에서 16을 빼고 4로 나누면 몫은 18이다. 따라서 18일, 19일, 25일, 26일임을 알아맞힐 수 있다.

04 직사각형 안의 수 알아맞히기

가장 작은 수 10을 기준으로 다른 수들을 비교하면 10, 10-1, 10+2, 10+7, 10+8, 10+9로 나타낼 수 있다.

$$\begin{array}{|ccc|} \hline 10 & 11 & 12 \\ 17 & 18 & 19 \\ \hline \end{array} \Rightarrow \begin{array}{|ccc|} \hline 10 & 10+1 & 10+2 \\ 10+7 & 10+8 & 10+9 \\ \hline \end{array} \quad \begin{array}{l} 10\times 6+(1+2+7+8+9) \\ = 60+27 \end{array}$$

직사각형 안에 있는 수를 모두 더하면 $60+27$이다. 거꾸로 풀기 전략을 사용하여 합에서 27을 빼고 6으로 나누면 첫째 수를 구할 수 있다. 즉, 6개 수의 합이 87이라고 했으므로 $87-27=60$, $60 \div 6=10$이다. 따라서 직사각형 안에 있는 첫째 수는 10이다.

직사각형 안에 있는 수의 합이 141이라면 $141-27=114$, $114 \div 6=19$이므로 19일, 20일, 21일, 26일, 27일, 28일임을 알 수 있다.

05 마음대로 선택한 수 알아맞히기

눈을 가리기 전에 셋째 수요일이 며칠인지를 알고 있어야 한다. 셋째 수요일이 13일이고 5주가 있으므로 마음대로 선택한 5개 수의 합은 13×5=65임을 가정한다. 실제 수요일은 6일, 13일, 20일, 27일인데 다음 그림과 같이 13일이 5개 있다고 생각하는 것이다. 이것은 0, 6, 13, 20, 27의 평균이 13임을 의미한다.

수	수
+13 ⌒	13
6 ⌒ +7	13
13	13
20 ⌣ -7	13
-13 ⌣ 27	13

표시한 수 5개 중에서 각 요일이 몇 개 있는지 물으면서 일요일이라면 65에서 3을 빼고, 월요일이라면 2를 빼고, 목요일이라면 1을 더하고, 금요일이라면 2를 더하고, 토요일이라면 3을 더한다.

일	월	화	수	목	금	토
-3	-2	-1	0	+1	+2	+3

일요일에 동그라미 표시가 2개 있다고 하였으므로 65 - 3 - 3=59, 월요일이 1개 있으므로 59 - 2=57, 수요일은 0이므로 계산할 필요가 없고, 토요일이 1개 있으므로 57+3=60이다. 이와 같은 원리는 홀수×홀수인 직사각형 모양의 배열인 경우에만 적용된다는 것에 유의해야 한다. 예를 들어, 5주가 있는 2월 달력에는 적용되지만 4주가 있는 달력에는 적용되지 않는다. 그 이유는 5주가 있어야 셋째 수요일이 평균이 되어 위의 규칙이 적용되기 때문이다. 4주만 있는 경우에는 평균이 되는 수요일이 없기 때문에 위의 규칙을 적용할 수 없다.

일	월	화	수	목	금	토
	1	2	3	4	5	6
7	8	9	10	11	12	13
14	15	16	17	18	19	20
21	22	23	24	25	26	27
28						

5주가 있으므로 적용됨

일	월	화	수	목	금	토
1	2	3	4	5	6	7
8	9	10	11	12	13	14
15	16	17	18	19	20	21
22	23	24	25	26	27	28

4주만 있으므로 적용되지 않음

06 정사각형 수의 합 알아맞히기

마술을 하기 전에 달력에 그린 정사각형을 1만 대각선에 있는 수의 합이 얼마인지 재빨리 구해야 한다. 정사각형 모양의 수 배열표에서 가로 줄과 세로 줄에 있는 수를 1개만 선택하였을 때 그 합은 대각선에 있는 수들의 합과 같다는 원리를 이용한 마술이다.

달력에 표시한 정사각형에서 대각선에 있는 수는 2, 10, 18, 26이고, 합은 56이다. 4를 선택하였다면 4는 대각선에 있는 수 2보다 2가 더 크고, 23를 선택하였다면 23는 대각선에 있는 수 26보다 3이 작다. 따라서 ○ 표시한 수들의 합은 대각선에 있는 수들의 합과 같다.

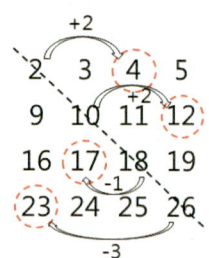

+2, +2, -1, -3이므로 ○ 표한 수들의 합은 대각선에 있는 수들의 합과 같다

이 마술을 하기 위해서는 대각선에 있는 수들의 합이 얼마인지 재빨리 알아야 하는데 정사각형의 왼쪽 맨 위의 수와 오른쪽 맨 아래에 있는 수를 더하여 2배하면 쉽게 구할 수 있다. 즉, 2+26=28, 28×2=56이다.

달력이 아닌 직사각형 또는 정사각형인 수 배열표에서도 이 마술이 적용된다. 단, 5×5인 정사각형 수 배열표에서 대각선에 있는 수들의 합을 구할 때에는 왼쪽 맨 위에 있는 수와 오른쪽 맨 아래에 있는 수를 더하여 2배하고, 가운데 있는 수를 더해야 한다.

```
 1  3  5  7  9
11 13 15 17 19
21 23 25 27 29
31 33 35 37 39
31 33 35 37 39
```

대각선에 있는 수들의 합 : (1+39)×2+25=105

07 자유자재 마방진

마방진을 쉽게 만드는 방법은 재미있는 탐구에 제시하였으므로 여기서는 논리적으로 해결하는 방법을 제시한다.

1부터 9까지의 수를 한 번만 사용하여 가로, 세로, 대각선에 있는 수의 합이 같아야 한다. 1부터 9까지의 합은 45이므로 가로, 세로의 한 줄의 합은 15이다.

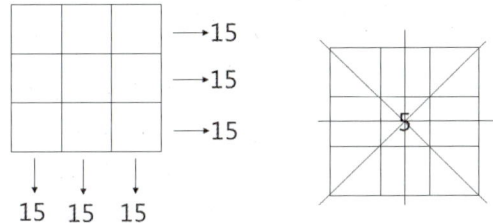

가로, 세로, 대각선이 만나는 곳에 있는 수는 중심에 있으므로 1~9의 중심이라고 할 수 있는 5를 쓴다. 5는 1부터 9까지의 평균이다.

5가 포함된 가로, 세로, 대각선에 어떤 수를 써야 하는지 알아보자.

5를 포함한 세 수로 15를 만들 수 있는 경우는 (1, 5, 9), (2, 5, 8), (3, 5, 7), (4, 5, 6)이다. 4가지 경우의 수를 정사각형 안에 적절하게 배치한다.

다음 그림과 같이 (1, 5, 9)를 썼다면 1의 위, 아래에 쓸 수 있는 수는 6과 8뿐이다.

A				6		
1	5	9	⇨	1	5	9	⇨
B				8		

대각선에 있는 (8, 5, □)에는 2를 써야 하고, 가로 줄 (6, □, 2)에는 7을 써야 한다. 같은 방법으로 나머지 수를 채워 넣어 완성한다.

6	7	2		6	7	2
1	5	9	⇨	1	5	9
8				8	3	4

5는 고정하고 나머지 수들을 시계 방향 또는 시계 반대 방향으로 돌리거나 상하, 좌우로 대칭시키면 다른 마방진을 만들 수 있다.

08 생년월일 마방진

생년월일을 이용하여 마방진을 만드는 마술인데 생년월일이 아닌 좋아하는 수, 마음대로 선택한 수 등을 이용하여도 된다. 어떤 수라도 정해진 절차에 따라 마방진을 만들면 가로, 세로, 대각선의 합이 같게 된다.

이 마술을 원활하게 수행하려면 뺄셈을 자유롭게 할 수 있어야 한다. 즉, 큰 수에서 작은 수는 뺄 수 있지만 작은 수에서 큰 수를 빼는 것은 초등학교 수준에서는 불가능하다. 생월이 12까지 수이고, 생일이 31까지 수이므로 생년이 1980년대나 1990년대일 경우에는 뺄셈이 가능하므로 문제가 발생하지 않지만 생년이 2000년~2010년대일 경우에는 초등학교 수준에서 뺄셈이 불가능하므로 덧셈을 선택하도록 한다.

이 마술은 생년월일뿐만 아니라 마음대로 수 3개를 선택하여도 된다. 마음대로 수 a, b, c

를 선택하였다고 하자. 이 마술에서는 a는 생년이고, b는 생월, c는 생일에 해당된다.

절차에 따라 계산하고 그 결과를 다음 표를 보고 해당되는 곳에 쓴다.

수를 쓰는 곳

8	1	7
5	6	3
2	9	4

a는 1에 쓰고, b와 c를 사용하여 계산하고 결과를 해당되는 곳에 쓴다.

먼저, b를 사용한다. a와 b를 더할지 뺄지를 마음대로 선택하게 한다. 더하기를 선택하였다면 a+b를, 뺄셈을 선택하였다면 a-b를 계산하여 결과를 2에 쓴다. 그리고 b를 한 번 더 더하거나 빼서 결과를 3에 쓴다.

a − b − c

	a	
		a+2b (a-2b)
a+b (a-b)		

이번에는 c를 사용한다. b와 마찬가지로 a와 c를 더할지 뺄지를 마음대로 선택하게 한다. 일단 선택하면 일관성 있게 같은 연산을 해야 한다. 빼기를 선택하였다면 a-c를 계산하여 결과를 4에 쓴다. 그리고 c를 한 번 더 더하거나 빼서 결과를 5에 쓴다.

a − b − c

	a	
		a+2b (a-2b)
a+b (a-b)		a-c (a+c)

a − b − c

	a	
a-2c (a+2c)		a+2b (a-2b)
a+b (a-b)		a-c (a+c)

2에 있는 수에서 c를 뺀 결과를 6에 쓰고, 한 번 더 c를 빼서 결과를 7에 쓴다.

	a – b – c	
	a	a+b-2c (a-b+2c)
a-2c (a+2c)	a+b-c (a-b+c)	a+2b (a-2b)
a+b (a-b)		a-c (a+c)

	a- b- c	
	a	a+b-2c (a-b+2c)
a-2c (a+2c)	a+b-c (a-b+c)	a+2b (a-2b)
a+b (a-b)		a-c (a+c)

이번에는 3에 있는 수에서 c를 뺀 결과를 8에 쓰고, 한 번 더 c를 빼서 9의 곳에 써서 마방진을 완성한다.

	a- b- c	
a+2b-c (a-2b+c)	a	a+b-2c (a-b+2c)
a-2c (a+2c)	a+b-c (a+b+c)	a+2b (a-2b)
a+b (a-b)	a+2b-2c (a-2b+2c)	a-c (a+c)

완성된 마방진의 가로, 세로, 대각선을 더하면 모두 $3a+3b-3c$ 또는 $3a-3b+3c$이다.

CHAPTER 04

01 보이지 않는 주사위 눈 알아맞히기

주사위에서 마주 보는 면의 눈의 수를 합하면 항상 7이다. 주사위 5개를 쌓았으므로 마주 보는 면에 있는 눈의 수를 7×5=35이다. 그런데 맨 위에 있는 주사위 눈이 5이므로 35에서 5를 빼면 보이지 않는 면에 있는 주사위 눈의 수는 30이다.

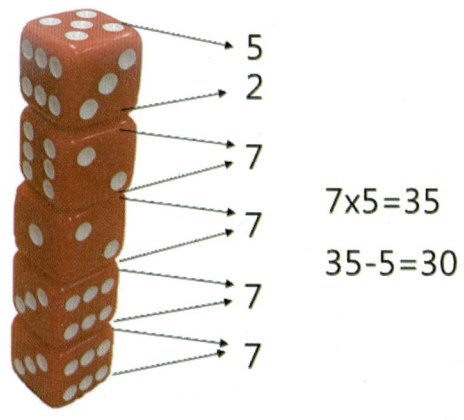

주사위의 면은 처음에는 1과 2, 3과 4, 5와 6이 서로 마주보는 면에 있었지만 지금은 1과 6, 2와 5, 3과 4 등 마주보는 면의 합이 7이 되도록 만들어져 있다. 또, 1, 2, 3의 순서는 시계방향과 반시계방향으로 된 2가지가 있는데 서양에서는 반 시계 방향이 표준이고, 동양에서는 시계 방향이 표준이다.

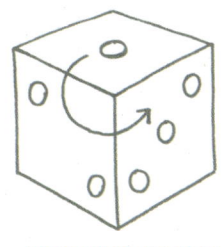 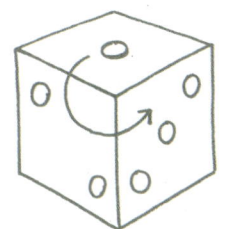

　　시계 방향 주사위　　　　반시계 방향 주사위

02 주사위 눈의 합 알아맞히기

주사위에서 마주보는 면끼리 눈을 합하면 7이라는 특성을 이용한 마술이다. 주사위 2개를 던져 3, 5가 나왔고, 눈의 합은 8이다. 그리고 하나를 선택하여 마주보는 눈의 더하면 12이다. 3의 마주보는 면의 수를 더하였으므로 이것은 5에 7을 더한 것과 같다.

3+5=8

8+4=12

⇩

마주보는 면의 수는 4

선택한 3의 주사위를 한 번 더 던져 2가 나왔으므로 합을 12 + 2 = 14이다.

이 과정까지 마술사는 주사위 눈에 대하여 아무 것도 알 수 없다. 마지막에 뒤돌아서면 2와 5를 볼 수 있다. 마술사는 2와 5를 보고 7을 더하여 14임을 맞힐 수 있다.

같은 방법으로 주사위 3개를 던져 알아맞히는 마술로 발전시킬 수 있다. 즉, 주사위 A, B, C를 던지게 하고, A를 고정시키고 B와 C를 차례로 던져서 합을 구하게 한다. 마지막에 주사위 3개를 보고 윗면의 수에 14를 더하면 합을 알아맞힐 수 있다.

03 주사위 눈의 순서 알아맞히기

첫째 주사위를 A, 둘째 주사위를 B, 셋째 주사위를 C라고 하자. A에 2를 곱하고 5를 더한 다음, 5를 곱하라고 하였는데 결국 A에 10을 곱한 것이다. A에 10을 곱하면 A는 십의 자리가 된다. 둘째 주사위 수를 더하고 10을 곱하라고 했으므로 A는 백의 자리가 되고, B는 십의 자리가 된다. 셋째 주사위 수를 더하고 했으므로 C는 일의 자리가 된다.

마지막 계산 결과에서 250을 빼면 백의 자리 수는 A, 십의 자리 수는 B, 일의 자리 수는 C가 된다. 이를 중학교 수준으로 설명하면 다음과 같다.

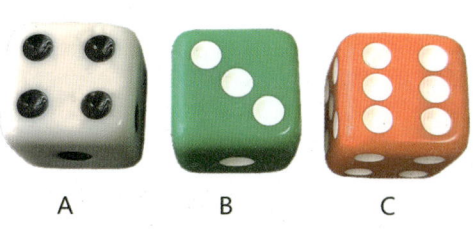

1) (A×2+5)×5 = 10×A+25
2) (10×A+25+B)×10
   = 100×A+250+10×B
3) 100×A+250+10×B+C

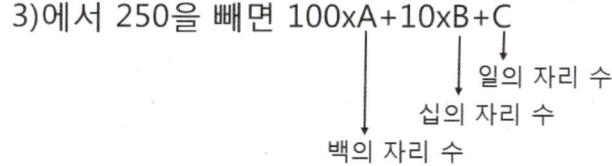

3)에서 250을 빼면 100×A+10×B+C
백의 자리 수 / 십의 자리 수 / 일의 자리 수

같은 방법으로 1부터 9까지의 숫자 카드를 차례로 3장 뽑아 알아맞힐 수 있다.

주사위 2개를 던져 나온 수를 알아맞히는 방법은 첫째 주사위에 10을 곱하고, 둘째 주사위 수를 더하면 되는데 절차가 단순하므로 눈치 채기 쉽다. 10을 곱하는 대신에 2를 곱하고 5를 곱하게 하거나 소수를 학습하였다면 2.5를 곱하고 4를 곱하게 하면 된다. 또 25를 곱하고 4를 곱한 다음에 10으로 나누면 10을 곱한 것이 된다.

04 주사위 비밀

주사위에서 마주 보는 면의 수를 합하면 7이 된다는 주사위 특성을 이용한 마술이다. 주사위를 여러 번 던져 계산하여도 결과는 항상 49가 된다. 왜 그렇게 되는지를 중학교 수준으로 설명하면 다음과 같다.

주사위 A, B 2개를 던져 나온 수를 X, Y라고 하면
1) 윗면의 두 수 곱하기 : X × Y
2) 밑면의 두 수 곱하기 : (7 - X) × (7 - Y)

3) A의 윗면의 수와 B의 밑면의 수 곱하기 : $X \times (7 - Y)$

4) A의 밑면의 수와 B의 윗면의 수 곱하기 : $(7 - X) \times Y$

5) 계산 결과 더하기 : $X \times Y + (7-X) \times (7-Y) + X \times (7-Y) + (7-X) \times Y = X \times Y + 49 - 7 \times Y - 7 \times X + X \times Y + 7 \times X - X \times Y + 7 \times Y - X \times Y = 49$

05 동전 분류하기

앞면과 뒷면이 뒤섞인 동전을 같은 종류로 두 묶음으로 분류하는 마술이다. 다음 표를 보면서 그 원리를 알아보자.

처음 상태는 모두 앞면이다. 1회에 마음대로 4개를 골라 뒤집게 하였다. 2회에는 짝수 순서에 있는 동전을 뒤집게 하였더니 앞면이 4개, 뒷면이 4개이다. 앞면이 4개이므로 (앞면 4, 뒷면 2)로 묶을 수 있다.

순서	1	2	3	4	5	6	7	8
처음	오백원	오백원	오백원	오백원	오백원	오백원	오백원	오백원
1회(임의)	오백원	500	500	500	500	오백원	오백원	오백원
2회(지정)	오백원	오백원	500	오백원	500	500	오백원	500

또 다른 예를 들어보자. 처음에 마음대로 1~4까지 뒤집었다고 해보자. 그리고 4, 5, 6, 7을 다시 뒤집게 하면 다음 표와 같이 된다. 4, 5, 6, 7을 한 묶음으로 하면 (앞 3, 뒤1)인 같은 묶음이 된다.

순서	1	2	3	4	5	6	7	8
처음	오백원	오백원	오백원	오백원	오백원	오백원	오백원	오백원
1회(임의)	500	500	500	500	오백원	오백원	오백원	오백원
2회(지정)	500	500	500	오백원	500	500	500	오백원

이번에는 동전 12개인 경우를 알아보자. 처음에는 모두 앞면이고, 1회에는 마음대로 6개를 뒤집게 하고, 2회에는 지정하여 2, 5, 8, 9, 10, 11에 있는 동전을 뒤집게 하면 2, 5, 8, 9, 10, 11을 한 묶음으로 하면 (앞 2, 뒤 4)인 같은 두 묶음이 된다.

순서	1	2	3	4	5	6	7	8	9	10	11	12
처음	오백원	오백원	오백원	오백원	오백원	오백원	오백원	오백원	오백원	오백원	오백원	오백원
1회(임의)	500	500	500	500	오백원	오백원	오백원	500	오백원	오백원	오백원	500
2회(지정)	500	오백원	500	500	500	오백원	오백원	오백원	500	500	500	500

이번에는 동전이 10개인 경우를 알아보자. 모두 뒷면인 처음 상태에서 1회에 마음대로 5개를 골라 뒤집게 하고, 2회에는 홀수 순서에 있는 동전을 뒤집게 하였다면 홀수 순서에 있는 것을 한 묶음으로 하면 (앞 1, 뒤 4)으로 같은 묶음으로 묶을 수 있다.

순서	1	2	3	4	5	6	7	8	9	10
처음	500	500	500	500	500	500	500	500	500	500
1회(임의)	오백원	오백원	500	500	오백원	500	오백원	500	오백원	500
2회(지정)	500	오백원	오백원	500	500	500	500	500	500	500

만약에 1회에 마음대로 짝수 순서에 있는 것을 뒤집고, 2회에 홀수 순서에 있는 것을 뒤집게 하였다면 모두 뒷면이 될 것이다. 이때에는 모두 앞면인 두 묶음으로 묶을 수 있다.

순서	1	2	3	4	5	6	7	8	9	10
처음	500	500	500	500	500	500	500	500	500	500
1회(임의)	500	오백원	500	오백원	500	오백원	500	오백원	500	오백원
2회(지정)	오백원	오백원	오백원	오백원	오백원	오백원	오백원	오백원	오백원	오백원

그러나 다음의 경우를 생각해보자. 1회에 마음대로 1, 3, 5, 8, 10에 있는 동전을 뒤집고, 2회에 홀수 순서에 있는 동전 5개를 뒤집었다면 홀수 순서에 있는 것끼리 묶으면 (앞 2, 뒤 3)이고, 다른 묶음은 (앞 3, 뒤 2)가 되어 같은 묶음이 안 되는 경우가 있다.

순서	1	2	3	4	5	6	7	8	9	10
처음	500	500	500	500	500	500	500	500	500	500
1회(임의)	오백원	500	오백원	500	오백원	500	500	오백원	500	오백원
2회(지정)	500	500	500	500	500	오백원	오백원	오백원	오백원	오백원

따라서 동전이 10개인 경우에는 항상 옳다고 할 수 없으므로 10개로 마술을 하면 안 되고, 동전의 수가 8개, 12개, 16개 등 4의 배수라야 한다.

06 숫자 카드 뒤집기

이 마술의 원리는 매우 쉽고 간단하여 저학년 학생들에게 적절하다. 앞면에 1, 3, 5, 7의 합은 16이다. 어느 한 장을 뒤집으면 뒷면의 수는 앞면보다 1크므로 합은 17이 된다. 어느 숫자 카드를 뒤집어도 마찬가지이다.

이 마술은 여러 가지 방법으로 변형시킬 수 있다.

1. 마음대로 뒤집기

숫자 카드 한 장을 번만 뒤집던 것을 마음대로 한 장을 마음대로 뒤집은 다음, 몇 번 뒤집었는지를 말하게 한다. 한 번 뒤집었다면 합은 1 큰 수가 될 것이고, 두 번 뒤집었다면 합은 그대로 일 것이다. 1, 3, 5, … 등 홀수 번 뒤집으면 합은 1 커지고, 2, 4, 6, … 등 짝수 번 뒤집으면 합은 그대로 일 것이다.

2. 여러 장을 한 번 뒤집기

숫자 카드 여러 장을 한 번 뒤집은 다음, 몇 장을 뒤집었는지를 말하게 한다. 1장을 뒤집었다면 합은 1 큰 수가 되고, 2장을 뒤집었다면 합은 2 큰 수, 3장을 뒤집었다면 합은 3 큰 수가 될 것이다.

3. 카드를 마음대로 늘어놓기

카드를 마음대로 섞어 늘어놓았을 때 홀수(또는 짝수)가 몇 개인지 안다면 합을 알아맞힐 수 있다. 홀수가 1개이면 16+3, 홀수가 2개이면 16+2, 홀수가 3개이면 16+1이다. 반대로 짝수의 개수를 물어봤다면 짝수가 1개이면 16+1, 2개이면 16+2, 3개이면 16+3, 4개이면 16+4이다.

07 도미노 알아맞히기

도미노(dominoes)란 정사각형 2개를 붙인 직사각형을 말한다. 도미노의 정사각형에 0~6개까지 점을 찍어서 수를 나타내어 수와 연산 학습에 활용하거나 게임으로도 이용할 수 있다.

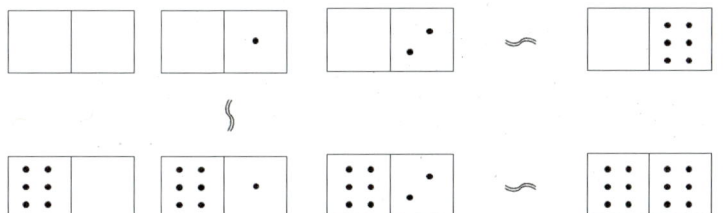

이 마술은 숫자 카드 2장을 뽑았을 때 그 숫자를 알아맞히는 마술과 같다.

어느 한 수를 선택하고 그 수에 5를 곱하고 2를 곱하는 것은 10을 곱한 것과 같으며, 그 수는 십의 자리가 된다는 것을 의미한다. 마지막에 도미노의 다른 수를 더하면 그 수는 일의 자리가 된다. 즉, 십의 자리 숫자와 일의 자리 숫자가 도미노의 숫자이다. 또, 6을 더하고 2를 곱했으므로 계산 결과에서 12를 빼면 도미노 숫자가 나온다. 만약에 9를 더하라고 했다면 계산 결과에서 18을 빼야 할 것이다.

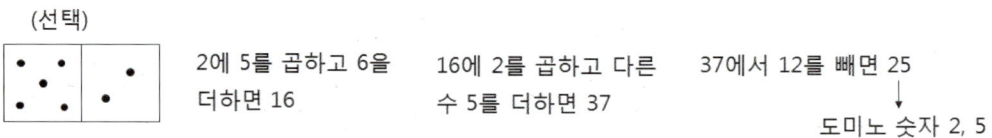

2에 5를 곱하고 6을 더하면 16

16에 2를 곱하고 다른 수 5를 더하면 37

37에서 12를 빼면 25
↓
도미노 숫자 2, 5

만약에 (0, 0)인 도미노를 선택했다면 어떤 결과가 나올지 알아보자. 처음 선택한 수에 5를 곱하면 0이 되고, 6을 더하면 6이 되고, 2를 곱하면 12가 된다. 도미노 다른 수 0을 더하면 계산 결과는 12가 된다. 12에서 12를 빼면 0이므로 도미노 숫자는 (0, 0)이다.

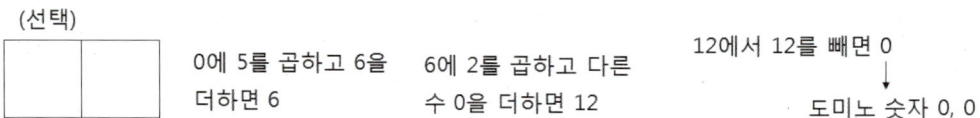

0에 5를 곱하고 6을 더하면 6

6에 2를 곱하고 다른 수 0을 더하면 12

12에서 12를 빼면 0
↓
도미노 숫자 0, 0

이번에는 (0, 5)인 도미노를 선택했다면 0에 5를 곱하면 0이 되고 6을 더하면 6, 6에 2를 곱하고 5를 더하면 17이다. 17에서 12를 빼면 5인데 십의 자리는 없고 일의 자리뿐이다. 이 경우에는 도미노 숫자 중 하나는 0임을 뜻한다.

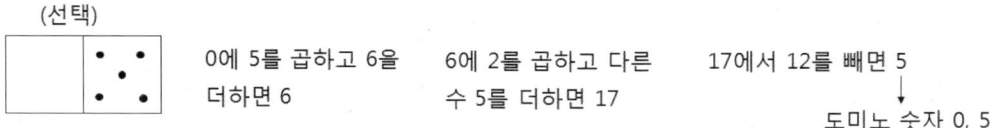

0에 5를 곱하고 6을 더하면 6

6에 2를 곱하고 다른 수 5를 더하면 17

17에서 12를 빼면 5
↓
도미노 숫자 0, 5

08 바둑돌 수 알아맞히기

처음에 바둑돌을 몇 개 놓았는지도 모르는데 어떻게 남은 바둑돌의 수를 알아맞힐 수 있는지 아주 재미있고 탐구할만한 마술이다. 보통의 마술은 처음의 상태를 확인한 다음에 눈을 가리거나 보지 않은 상황에서 몇 가지 지시를 한 후에 결과를 알아맞히지만 이 마술은 처음의 상태를 알지 못하는 상황에서 결과를 알아맞히는 마술이다.

몇 가지 예를 들어서 남은 바둑돌의 수를 알아맞히는 방법을 생각해보자.

1. 3개를 뺐을 때

① 처음에 7개씩 3묶음이었다면 A와 C에서 3개를 빼서 B에 놓으면 B에는 13개가 있고, C에는 4개가 남는다. C에 남은 것만큼 B에서 빼면 B에는 9개가 남는다.

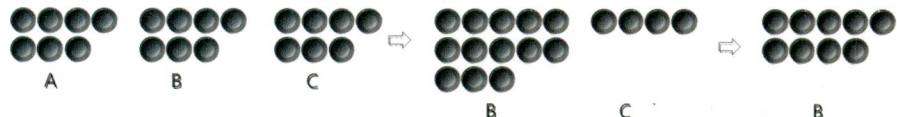

② 처음에 5개씩 3묶음이었다면 A와 C에서 3개를 빼서 B에 놓으면 B에는 11개가 있고, C에는 2개가 남는다. C에 남은 것만큼 B에서 빼면 B에는 9개가 남는다.

①, ②에서 보는 바와 같이 3개씩 빼면 B에는 항상 9개가 남는다.

2. 4개를 뺐을 때

① 처음에 7개씩 3묶음이었다면 A와 C에서 4개를 빼서 B에 놓으면 B에는 15개가 있고, C에는 3개가 남는다. C에 남은 것만큼 B에서 빼면 B에는 12개가 남는다.

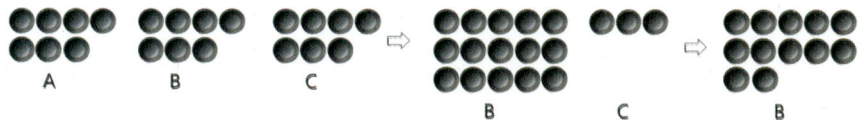

② 처음에 5개씩 3묶음이었다면 A와 C에서 4개를 빼서 B에 놓으면 B에는 13개가 있고, C에는 1개가 남는다. C에 남은 것만큼 B에서 빼면 B에는 12개가 남는다.

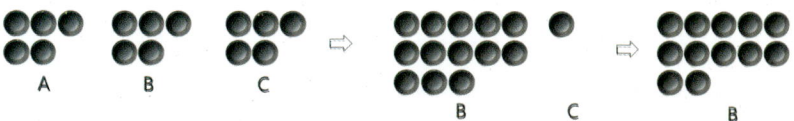

①, ②에서 보는 바와 같이 4개씩 빼면 B에는 항상 12개가 남는다.

1, 2에서 보는 바와 같이 3개씩 빼면 B에는 9개가 남고, 4개씩 빼면 12개가 남는다는 것을 알았다. 즉, B에는 뺀 것의 3배가 남는다.

B에 몇 개가 있다는 것을 알면 마지막에 마술사에게 건네주고 남은 개수를 알 수 있다.

이것을 중학교 수준으로 설명하면, 처음에 놓은 바둑돌을 x개씩 놓았다고 하자. 각 묶음에서 y개씩 빼고, C에 남은 것만큼 B에서 빼면 B에는 $3y$개가 남는다.

A	B	C
x	x	x
$x - y$	$x + 2y$	$x - y$
	$x + 2y - (x - y) = 3y$	

이 마술을 시연할 때 주의할 점은 처음에 바둑돌을 놓을 때 한 묶음의 수가 일정 수 이상이어야 한다는 것이다. 예를 들어 A, B, C에서 4개씩 빼려면 A, B, C에 4개 이상 있어야 할 것이다.

참고문헌

Chris Wardle(2014). Maths tricks & number magic. Lexington, KY.
Martin Gardner(1956). Mathematics, magic and mystery. Dover Publications.
McCornmack, A. J.(1990). Magic and showmanship for teachers. Natl Science Teachers Assn.
Paul Swan(2003). Magic with math-Exploring number relationship and patterns. Didax Educational Resources. www.didax.com.
Scott Flansburg(1993). Math magic. Library of Congress Cataloging-in-Publication Data.
Theoni Pappas(1994). The magic of Mathematics. Library of Congress Cataloging-in-Publication Data.
William Simon(1964). Mathematical magic. Library of Congress Cataloging-in-Publication Data.

〈부록 1-1〉

〈부록 2-1〉

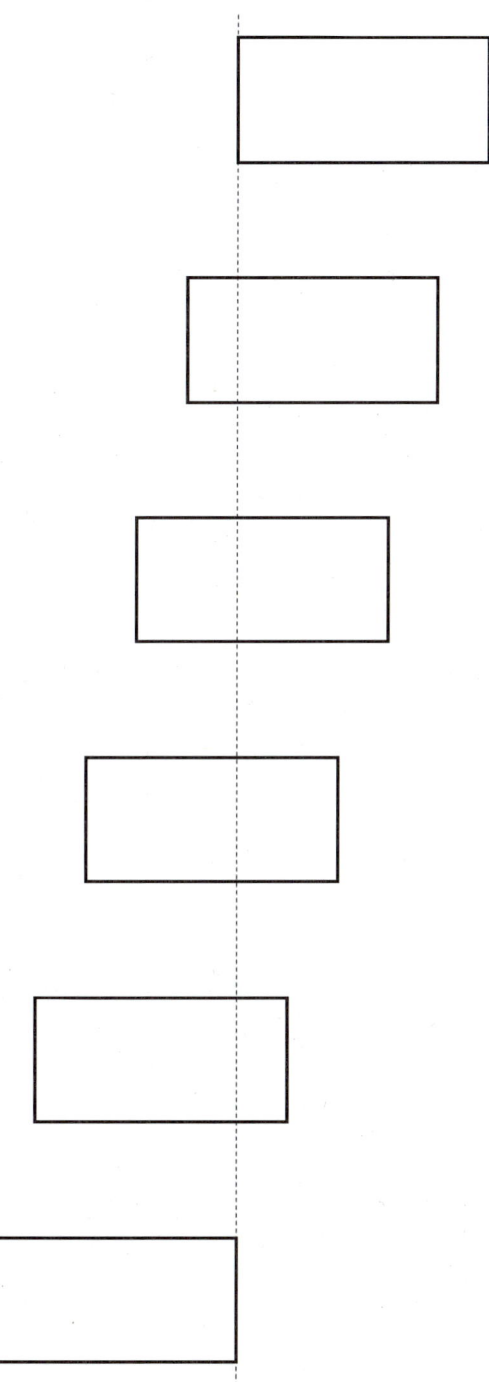

〈부록 3-1〉

8 × 8인 정사각형

〈부록 4-1〉

8 × 8인 정사각형

〈부록 4-2〉

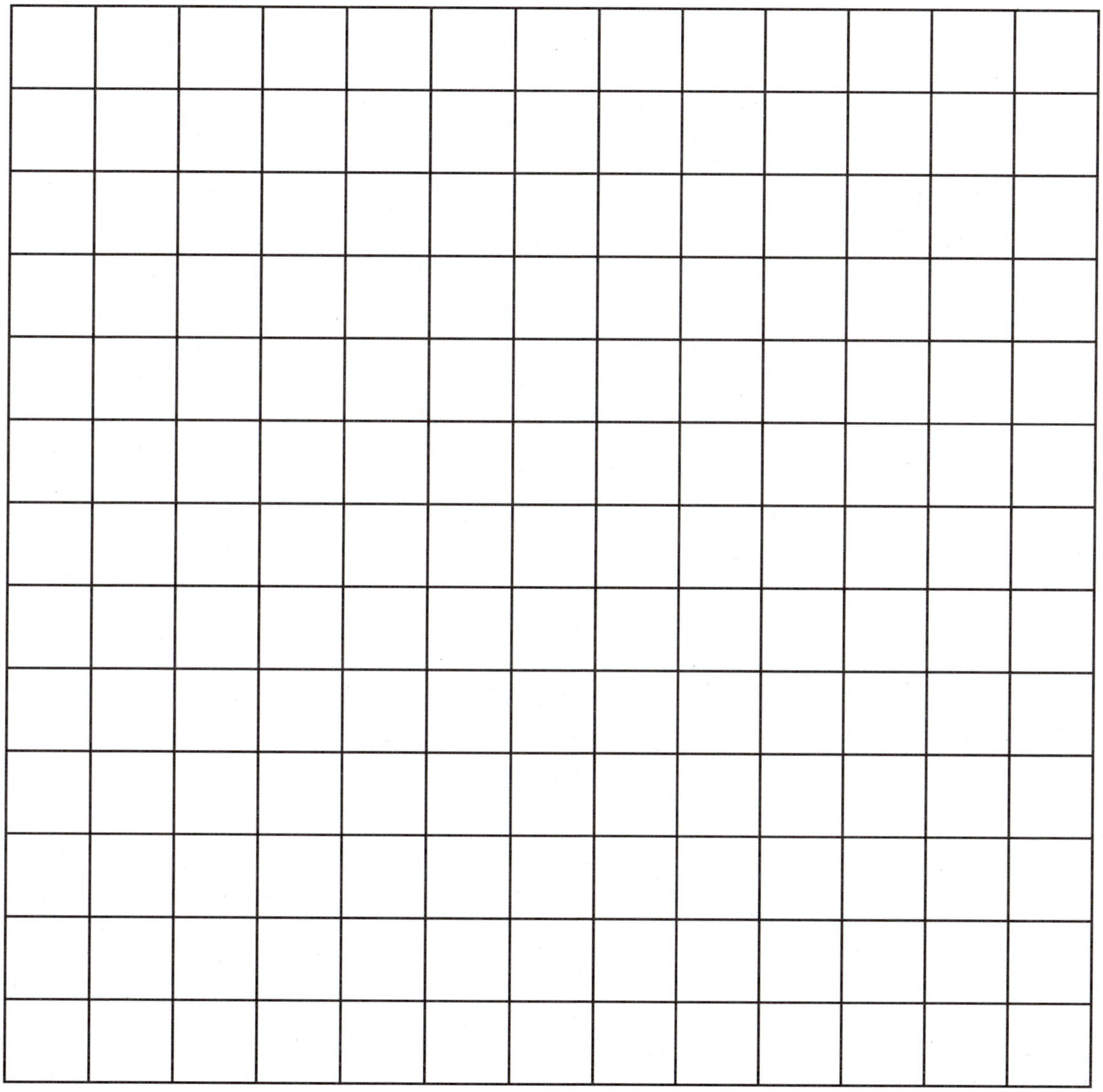

13 × 13인 정사각형

〈부록 4-1〉

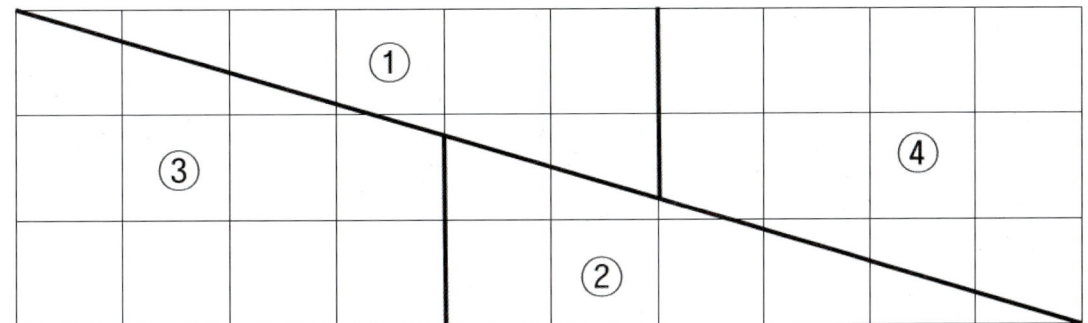

〈부록 5-1〉

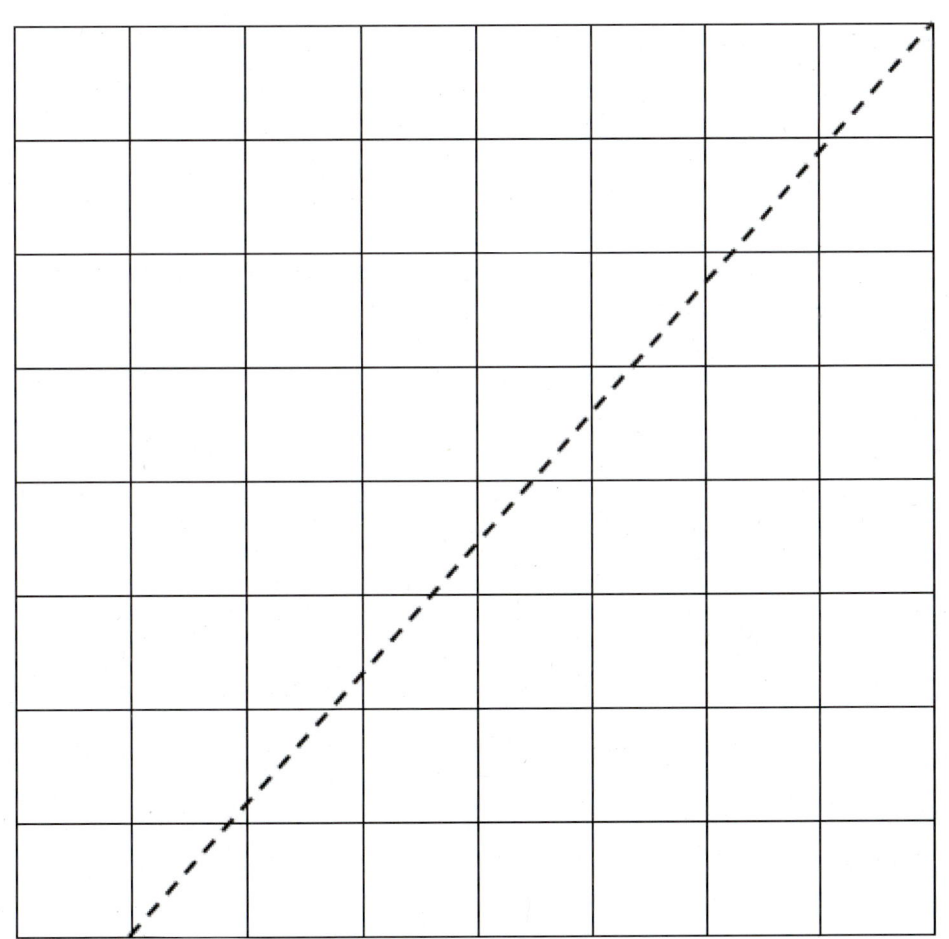

〈부록 6-1〉

〈부록 6-2〉

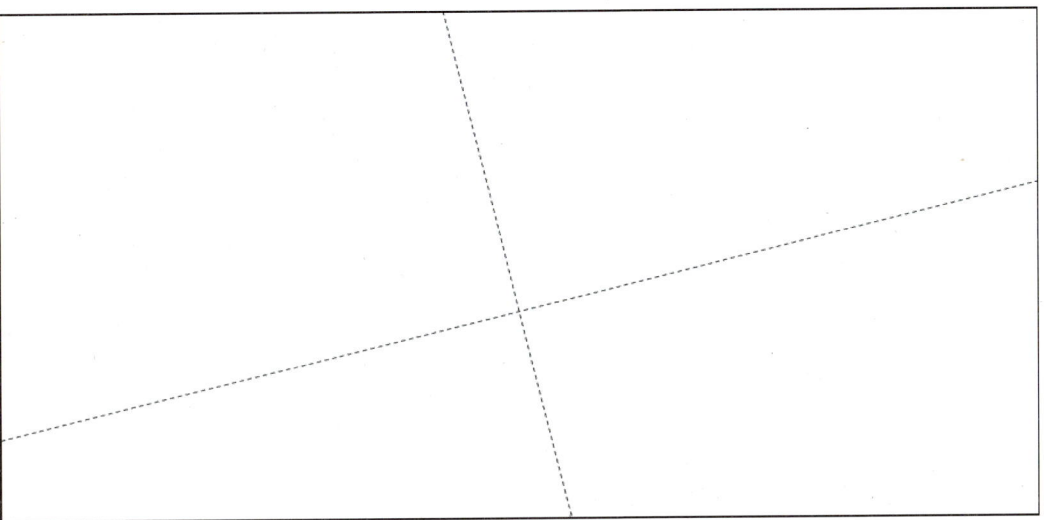

〈부록 6-3〉

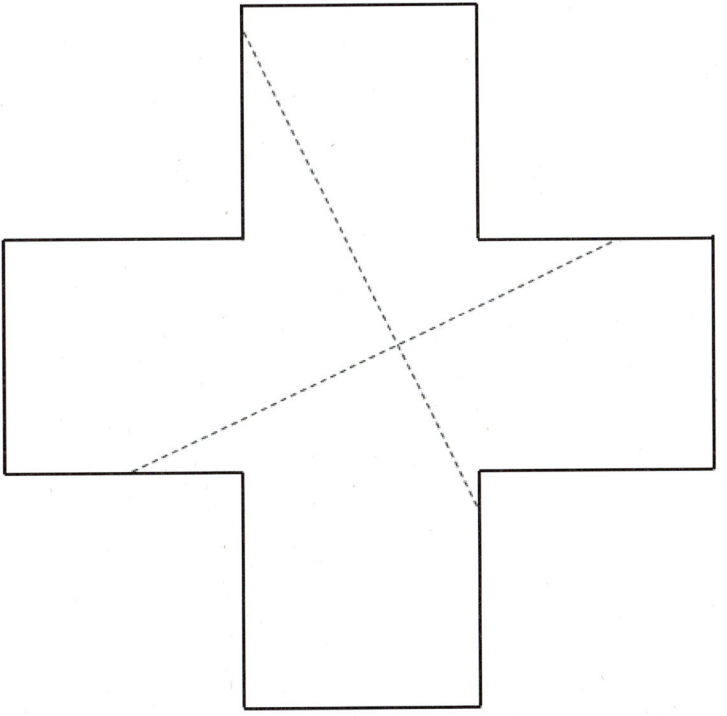

저자 신준식

서울교육대학교
한국교원대학교 대학원 교육학 박사
현) 춘천교육대학교 수학교육과 교수
초등수학교육과 관련된 많은 저서와 번역서 출간

수학을 더가까이 **어린이 수학마술**

펴낸곳	도서출판(주)네오코비
등록번호	제25100-2009-000015호
판수	초판
저자	신준식
편집디자인	주)브레노스
주소	서울시 금천구 가산디지털2로 184, 1208호
내용문의	Tel. (02) 837-5788
영업문의	Tel. (02) 837-5788 Fax. (02) 861-0856

※ 본사와 협의 없는 무단복제는 법으로 금지되어 있습니다.